www.ingramcontent.com/pod-product-compliance
Lightning Source LLC
LaVergne TN
LVHW050952051026
849532LV00005B/1803
9789358728897

سبز رات

(افسانے)

نعیمہ ضیاء الدین

Sabz Raat (Short Stories)
by: Naeema Ziauddin
Edition: April '2024
Publisher :
Taemeer Publications LLC (Michigan, USA / Hyderabad, India)

ISBN 978-93-5872-889-7
9 789358 728897

کتاب	:	**سبز رات** (افسانے)
مصنفہ	:	**نعیمہ ضیاء الدین**
پروف ریڈنگ / تدوین	:	اعجاز عبید
صنف	:	فکشن
ناشر	:	تعمیر پبلی کیشنز (حیدرآباد، انڈیا)
سالِ اشاعت	:	۲۰۲۴ء
صفحات	:	۶۴
سرورق ڈیزائن	:	تعمیر ویب ڈیزائن

فہرست

پرائے راستے اور اپنے ہم سفر

حنیفاں بی بی زوجہ منظور الٰہی مہینے میں ایک بار اپنے یہاں مجلس کروایا کرتی تھیں۔ بڑے کمرے کی تین دیواروں پر مقدّس طغرے سجائے گئے تھے۔ اپنے آبائی قصبے حویلیاں سے برطانیہ آتے ہوئے، یہ خاندان بڑے سنہرے فریموں میں جڑی آیاتِ مبارکہ، روضۂ مقدّس کی تصاویر ہی از حد احتیاط و حفاظت کے ساتھ ہمراہ نہیں لایا تھا، بلکہ وہ اس طرح سے دریائے جہلم کے قریب واقع مذکورہ قصبے کی اپنی ہی مخصوص روایات، ثقافت اور رسم ورواج کی فضا بھی اپنے دماغوں میں ٹرانسپلانٹ کروا کر لے آیا تھا۔ یہ کنبہ اپنے خون کے سرخ ذرّات میں اس مذہبی دیوانگی و جنون کا وحشی جوش کسی وائرس کی مانند داخل کر چکا تھا کہ جس عقیدے کی روح سے ان کی قطعاً شناسائی نہ تھی۔ حنیفاں بی بی اپنے پختہ اعتقاد کے باعث عورت کے ننگے سر کو، جدید سائنسی تعلیم کو، روشن خیال فضاء میں پنپ رہے پُرسکون ماحول کو اور تمام تر نئی ایجادات کو قربِ قیامت کی نشانیاں قرار دیتی تھیں اور شیطانی محرکات کا شاخسانہ سمجھتی تھیں۔ چنانچہ دافع بلا کی خاطر مہینے میں ایک بار مجلس کروا لیا کرتی تھیں۔ رخسانہ، نفیسہ، جمیلہ، تینوں بیٹیوں کے سر پر کس کر حجاب باندھے رکھتیں۔ دونوں لڑکے نذیر اور طفیل فارغ اوقات میں مسجد کے امور سنبھالتے۔ محلے کی اس مسجد کی تعمیر میں بڑا حصہ منظور الٰہی خاندان ہی کا رہا تھا۔ بعد میں یہی کنبہ اپنے آبائی قصبے سے مولوی محمد حسین کو بطورِ پیش امام یہاں لے کر آیا۔ محمد حسین کا دینی علم

واجبی سے بھی کہیں کم تھا۔ لیکن وہ اپنی چرب زبانی تیز پاٹ دار آواز کی بدولت بے یقینی و بھیانک خوف کی ایسی پھنکار پیدا کرنے میں بلا کا طاق تھا جو فہم و شعور کے تمام روشن چراغوں کو کامل طور سے فوراً گُل کر ڈالے۔ خصوصاً جنت و دوزخ کے بیانیہ میں وہ نارِ جہنّم کی ہولناکی کو اس شعلہ بیانی کے تسلسل سے دہراتا کہ سامعین براہِ راست آتش کی وہ لپٹیں، کانوں کے سوراخوں سے اندر گھس کر بدن کے ریشے ریشے کو جھلساتی ہوئی محسوس کرنے لگتے۔ بلاشبہ محمد حسین اپنی پیشہ ورانہ حیثیت میں کامران رہا تھا۔ حنیفاں بی بی کے یہاں حسبِ دستور ابھی ابھی ماہانہ مجلس کا اختتام ہوا تھا۔ آج پہلی مرتبہ ان کی لڑکی نفیسہ نے اپنے اسکول کی چار سہیلیوں کو بھی مجلس میں مدعو کیا تھا۔

چاروں لڑکیاں اکتاہٹ بھری بے صبری سے مجلس کے خاتمے کا انتظار کر رہی تھیں۔ پھر وہ فوراً ہی چوکڑیاں بھرتی ہوئی وہاں سے نفیسہ کے کمرے کو بھاگ اٹھیں۔

"اے۔۔۔۔۔۔۔۔ سنو۔۔۔۔۔۔۔۔۔ میرے پاس سگریٹ ہیں——"۔ دروازہ بند ہوتے ہی نینا نے سب سے پہلے خوشخبری کا انکشاف کیا۔

"ریئیلی؟" للچائی ہوئی شہدی آوازیں بھن بھن کرتی مکھیوں کی مانند حملہ آور ہو گئیں۔ وہ معنی خیز چمکیلی آنکھیں اپنی روشنی میں ایک نمایاں تحریر لکھے ہوئے تھیں۔ جس سے واضح ہوتا تھا کہ "سگریٹ" کیسے ہیں۔

نظر فریب راہوں پر اندھا دھند بھاگنے کو بے قرار خواب کا قافلہ بس کوچ کے اعلان کا ہی منتظر تھا کہ ادھر پرس سے سگریٹ برآمد ہو اور ادھر وہ بے جہت مگر غضب کے کیف و نشاط سے آئے جنگلوں کا رخ کر لے۔

"نو نو پلیز—— مما کو بو آجائے گی"۔ اتنے میں نفیسہ گھبرا کر بول اٹھی۔

"واٹ——؟" کچّی عمر کی کمسن آنکھیں خوابوں کے بگٹٹ بھاگ اٹھنے والے ریلے

کو اچانک وہیں کا وہیں روک لئے جانے پر جھلا اٹھیں۔

"اور وہ جو تم کبھی کبھی اسکول میں اسموکنگ کر لیتی ہو۔ تب نہیں آتی بو تمہاری مما کو——؟" سب سے زیادہ رنج غالباً ریما کو ہوا تھا جو فوراً ہی تڑخ کر کہہ اٹھی تھی۔ اس کی ترستی، مچلتی کشمکش کی آنکھ کی گلی میں "سکون ہی سکون" کا بورڈ صاف پڑھا جا سکتا تھا۔ جو ادھر نینا کے کالے بیگ سے نمودار ہوتا اور ریما کے بڑھے ہاتھ پر آن چمکتا۔ پر وہ وہاں اس وقت ہاتھ میں ہو کر بھی ہاتھ نہ آ رہا تھا۔

لڑکیاں پھر سے اکتاہٹ کا شکار ہونے لگیں۔

"بتاؤ نا نفیسہ —— آخر اسموکنگ تو تم کرتی ہی ہو——"۔ ناہید نے ریما کی تائید کی۔

"وہ——!" نفیسہ نے اس سوال پر برا سا منہ بنایا اور دلدوز قسم کی اداکاری دکھاتے ہوئے کہنے لگی۔

"ماما——؟ میرے اسکول میں لڑکیاں اسموکنگ کرتی ہیں۔ بریک میں تو سارا دھواں ادھر جم جاتا ہے۔ میرے لباس پر بھی——"۔

قلقل کرتا قہقہہ ابھرا۔ بے فکر نوجوان و ہرجائی بھنوروں کی طرح اشیاء پر، فرنیچر پر، فانوس و پردوں پر منہ مارتا پھرا اور پھر جا کر دیواروں سے چپک گیا۔ وہاں سے بڑبڑا نہیں تکنے لگا۔ ان نو شگفتہ ادھ کھلی کلیوں ایسے چہروں کو جو شادمانِ بہار زندگی کے اس کیف زدہ موسم سے چور چور تھے کہ جو زندگی میں فقط ایک ہی بار آیا کرتا ہے۔ تب بے خودی میں گم، اوّلین شباب کی حیرت انگیز دریافتوں کے طلسم میں کھوئے بدن کچھ یاد نہیں کر پاتے۔ اپنا آپ بھی جنہیں بھول جاتا ہے۔ وہ بکھری بکھری سی دوشیزائیں بھی یونہی

بے بات ہنس رہی تھیں۔

"اے ــــ اے ــــ اے ــــ"۔ یکایک نفیسہ نے ادائے دلبرانہ سے لجا کر ایک الماری کا پٹ کھولا اور اٹھلاتے ہوئے کسی جادوئی منتر کی طرح سے دو ہاتھوں کی بند مٹھی ان تمام منتظر نگاہوں کے روبرو پیش کی۔

"کیا ہے۔ کیا ہے۔؟" آوازیں جو ابھی چند ثانئے قبل اسموکنگ کی نشیلی دھند میں بھید بھرے مرغولوں سے آئے طلسماتی راستوں پر بے ساختہ و بے اختیار بھاگ اٹھنے کو بے قرار و مضطرب تھیں۔ اور اچانک انکار کے موڑ پر جھنجھلاہٹ بھری، ضدّی، تند، تلخی کے کڑوے غبار میں مجبور ہو کر تھمی کھڑی تھیں، سرعت سے لپک کر پلٹیں اور اس نئی واردات کے انکشافی دروازے پر بے تابی اوڑھے جا بیٹھیں۔

اب وہ ندیدی رال بہاتی نوجوان اشتہاء آوازوں کے ہونٹوں پر گوشوں سے بہہ اٹھنے کو صاف صاف دیکھی جا سکتی تھی۔ جب نفیسہ نے پر شباب جسم کو لہراتے ہوئے آنکھوں میں چھلک اٹھے خمارِ الفت کا راز ان اشتیاق سے لبریز چہروں کے سامنے فاش کر دیا۔

سفید ریشم کا ایک ڈھیر اس کے دونوں ہاتھوں پر اس طور پھیلا تھا کہ مختصر بلاؤز کے سبک تار و پود میں غایت درجہ نازکی کے ہمراہ ابھاری گئی نسوانی سینے کی گولائیاں مسخّر کرتی تھیں۔ لڑکیوں کو مسحور کئے جاتی تھیں۔

"واــــؤــــؤــــ"۔ سب کی سب ریشہ خطمی سی ہو گئیں۔ انہوں نے چلّا کر مٹھّیاں بھینچیں اور آگے کی جانب جھک کر دوہری ہوتی چلی گئیں۔

"سچ بتاؤ ــــ اسی نے دیا ہے نا ــــ پیٹر نے ــــ؟" بیک وقت ساری مکھیاں بھنبھنائیں۔

"ہاں۔۔۔۔۔۔۔۔ آں۔۔۔۔۔۔۔ں۔۔۔۔۔۔۔۔"۔ نفیسہ کی آواز میں گویا سرور و افتخار، سرشاری و تسکین کا موّاج سمندر ہلکورے لیتا تھا۔

"گھنّی کمینی ـــــ معاملہ یہاں تک چلا گیا ہے۔ اب اسے پہنو گی کہاں ـــــ؟" کسی نے کہا۔

"ہاں ـــــ یہ تو پرابلم ہے ـــــ"۔ نفیسہ کے لہجے میں، لپکتی خواہش، اصرار، خوف اور جوش کی حدت، سب کے سب اس طرح سے کاک ٹیل بن چکے تھے کہ اب ہر جذبے کو علیحدہ علیحدہ کر کے شناخت کرنا ممکن نہ رہا تھا۔

"ہم اچھی طرح سے سمجھتی ہیں تیری پرابلم ـــــ صاف کیوں نہیں کہتی کہ پیٹر کو پہن کر کیسے دکھاؤں ـــــ"

"اگیزیکٹلی ـــــ"۔ نفیسہ ہنس دی ـــــ "جب وہ ہولے سے پکارتا ہے"۔ "فیری۔۔۔۔۔۔۔۔!" تو میں تو مر ہی جاتی ہوں۔

"بھلا یہ بھی کوئی نام ہے۔ نفیسہ"۔

تبھی دروازے سے باہر اوپر آرہے زینے پر قدموں کی ناگوار آہٹ سنائی دی۔ سب کی سب جوشیلی دوشیزائیں بیزار اور پسپا ہوتے ہوئے سپاہیوں کی مانند مڑیں اور جھٹکے سے قالین پر چوکڑی مار کر سنجیدہ صورتیں بنائے جا بیٹھیں۔ ان کے اوّلین بہار میں کھلنے والے گلاب چہرے اب ادھ کٹے، نچڑے لیموں کے چھلکے جیسے ہو رہے تھے۔ منظور الٰہی کی بیوی حنیفاں بی بی سر کو پیشانی تک چوڑے دوپٹے سے ڈھانپے ہوئے کمرے میں داخل ہوئیں۔ "کھانا لگ گیا ہے بچیو ـــــ"۔ لڑکیوں نے نظروں میں ایک دوجے سے استفسار کیا تھا۔ اور جواب میں نگاہوں نے ایک دوسرے کی تسلّی کر دی تھی۔ کہ ہاں وہ دل نشین بلاؤز پر اسرار طور سے مخفی ہو چکا ہے۔ حنیفاں بی بی اور منظور الٰہی جسمانی طور پر لندن میں

اور ذہنی لحاظ سے حویلیاں میں مقیم تھے۔ چنانچہ رسم ورواج حویلیاں کے مگر کرنسی برطانیہ کی چاہتے تھے۔ کرنسی کی لالچ میں یہ گھرانا جنون کی حد تک مبتلا تھا۔ اور اسے حاصل کرنے کی خاطر جائز ناجائز کی ہر حد سے تجاوز کر جانا قطعاً غیر اخلاقی فعل نہ گردانتا تھا۔ ان جیسے تمام افراد کو مذہب و قانون بھی اپنالا گو کروانے کا بے پناہ جوش تھا مگر قومیت برطانیہ کی درکار تھی۔ وہ اس قانونِ فطرت سے کامل ناآشنا تھے کہ جو کچّی عمر کے بدن پر ہر ماحول وخطّے میں اپنا مکمل تصرّف جمالیا کرتا ہے۔

"ڈیوڈ کو آج موسک جانا ہے——" حسبِ معمول اسکول کی بریک میں پانچوں لڑکیاں اکھٹی تھیں۔ جب ناہید نے یہ اطلاع بہم پہنچائی۔ "مجھے جلد جانا ہو گا"۔

"موسک—— مگر کیوں——؟" نینا، ریما، سویٹی اور نفیسہ سبھی کے چہروں پر تجسّس نے ایک ہی سوال لکھ ڈالا۔

"وہ دراصل وہاں اسلام قبول کرے گا"۔ ناہید نے سرگوشی میں انکشاف کیا۔ اس کے لہجے میں رازداری کے علاوہ مخفی قسم کے بھید کی تہہ دار معنویت بھی پوشیدہ تھی۔

"تو تمہارے پیرنٹس مان جائیں گے——؟" نفیسہ نے بے اختیار دریافت کیا تھا۔ اس کے اس سوال میں حیرت سے کہیں بڑھ کر امید کی کرن شامل تھی کہ یہ راستہ اس کے لئے بھی خواب کے تعبیر گھر تک پہنچانے والا ثابت ہو جائے تو کیا ہی بات ہے۔ امید و حیرت دونوں کے بیچ بہت ہی ٹرانسپیرنٹ لکیر جیسی بغاوت کی چنگاری بھی تھی جو کبھی بھی دکھائی نہیں دیتی مگر بغیر محسوس کرائے جنگل کے جنگل خاکستر کر ڈالتی ہے پھر جسے بجھانے کو ایک لشکرِ عظیم کی کوشش بھی ناکام رہتی ہے۔

"میرے پیرنٹس——!" ناہید ہنس دی۔ ایک تمسخرانہ قسم کی مصنوعی ہنسی۔

"میں خوب جانتی ہوں انہیں۔ ان پیر نٹس کو——"۔ لفظ پیر نٹس اس نے چبا کر اگلا تھا۔

"آر تھوڈوکس پیپلز——مارے خوشی کے کھل اٹھیں گے کہ ایک انگریز اُن کے ہاتھوں مسلم ہو گیا ہے ایک نو مسلم داماد"۔ ارے وہ تو چاہیں گے کہ بڑا بڑا لکھ کے فریم کروالیں اور ہر آتے جاتے کو فخر سے دکھایا کریں۔ سُپیریرٹی کمپلیکس کے مارے ہوئے لوگ۔ "بریک ٹائم آف ہو رہا ہے"۔ ریما نے کلائی کی گھڑی پر نظر ڈالی۔ لڑکیوں نے جلدی جلدی سگریٹ بجھائے اور اسکول کی عمارت کو بھاگ اٹھیں۔

"نفیسہ کا مرڈر کر دیا۔ خود اس کی ممّا نے اور بر درز نے مل کر"۔ اطلاع بم کے دھماکے کی طرح سے پھٹ کر فاش ہوئی "اوہ——مائی گاڈ——!"تینوں لڑکیوں کے چہرے زرد ہو گئے اور بدن وحشت کے طیش اور صدمے کی شدت سے لرزنے لگے۔ بریک ٹائم کی ساری مسرّت اور سگریٹ کے کیف آور جگنو اس روز پلک جھپکتے میں بجھ گئے جب نینا نے پھٹی پھٹی آنکھوں کے ساتھ وہاں پہنچ کر یہ لرزہ خیز انکشاف کیا۔ چاروں لڑکیاں غم سے چور ہو کر آنسو بہانے لگیں۔

"تم نے اسے یہ راستہ دکھایا تھا" بھیانک صدمے کا فوری ریلا گزر گیا تو سویٹی نے ایک ہاتھ سے چہرے پر دھار کی مانند بہتے اشک صاف کئے اور طیش اور بے بسی کے ملے جلے جذبات میں ناہید پر برسنے لگی۔

"تم لے گئی تھیں نا اپنے ڈیوڈ کو موسک میں اسلام قبول کروانے تاکہ اسے اپنے پیر نٹس سے ملو اسکو"۔ "ہاں——اور میرے پیر نٹس نے اسے ایکسیپٹ کر لیا تھا۔ کیونکہ انہیں تو ریلیجن کی خدمت کا چانس ملا تھا، اور میں جانتی تھی اپنے پیر نٹس کو——"۔

"لیکن نفیسہ کے پیرنٹس تو ایسے نہیں تھے نا۔ اس کی ممّا ـــــ اوہ مائی گاڈ ـــــ وہ تو ہر وقت اپنے گھر 'پر فیوڈ اسٹکز' جلا کر بُک پڑھواتی رہتی تھیں، ویمنز سے"۔

"اس بُک میں یہ بھی تو لکھا ہے کہ دوسرے بُک والوں سے میرج بنائی جا سکتی ہے"۔

"ہاں ـــــ ں ـــــ ں ـــــ"۔ ناہید نے تاسف سے سر ہلایا۔ "اس کی ممّا اور آف کورس دونوں بردرز ابھی بھی مینٹلی ادھر ہی رہتے ہیں ـــــ اپنے کنٹری کے کسی ولیج میں۔ یہاں تو ان کی ڈمیز تھیں ـــ"

"حنیفاں بیگم ـــــ!" جج نے عینک کے اوپر سے زوجہ منظور الٰہی کو دیکھا۔

"تم پر اور تمہارے دونوں بیٹوں پر جرم ثابت ہو گیا ہے۔ تم نے اپنی بیٹی نفیسہ کے گلے میں تار کا پھندہ کس کر دونوں بیٹوں کی مدد سے موت کے گھاٹ اتار دیا۔ عدالت تمہیں عمر قید کی اور تمہارے بیٹوں کو اعانتِ جرم کے سبب سات سات برس قید کی سزا سناتی ہے۔ تمہاری بارہ سالہ بیٹی حسینہ بالغ ہونے تک کونسل ہوسٹل میں رہے گی"۔

"جہاں پر حجاب بھی نہیں کسا جا سکتا اور ڈیوڈ، پیٹر، آرنالڈ بھی اس عمارت کے کسی نہ کسی فلور پر تمام تر قربتوں کے ہمراہ موجود ہوں گے"۔

آخری جملہ جج نے ادا نہیں کیا تھا پر اُن سب نے واضح طور سے سن لیا جو وہاں اس وقت حاضر تھے۔

* * *

وصیت

شبنمی رات دھیرے دھیرے اتر رہی تھی۔ رخشی نے اخبار سے نظر اٹھا کر انوار کی جانب رخ پھیرا۔ خواب گاہ کی حرارت بخش پر سکون فضاء جو تھکے ہارے انسان کو صرف رات میں ہی دستیاب ہوتی ہے اپنی آسودگی کے باعث اس لمحے کس قدر خوشگوار محسوس ہو رہی تھی۔ بالخصوص یورپ کی مسابقت بھری مشینی زندگی میں کہ جہاں انسان رفتہ رفتہ اپنے ہی پھیلائے ہوئے خواہشوں کے شیطانی جال میں غیر محسوس طریق پر الجھتا چلا جا رہا ہے۔

انوار آج کی موصول شدہ ڈاک دیکھ رہا تھا۔

"تم ہسپتال گئے تھے فیصل کو دیکھنے۔۔۔؟"——رخشی نے اخبار لپیٹ کر اس سے دریافت کیا۔

"ہاں——" وہ اداسی سے اثبات میں سر ہلانے لگا۔

"تو پھر۔۔۔بچے کی حالت کیسی تھی——"

"بدستور——" انوار کے لہجے میں حزن کی آمیزش نمایاں تھی۔

"جب تک کڈنی ٹرانسپلانٹ نہیں ہوتی، تب تک تو بہتری کے آثار یا امکانات مفقود ہیں——"

"انوار تم نے یہ خبر دیکھی۔۔۔اسی کو پڑھ کر مجھے فیصل کا خیال آیا تھا——یہاں لکھا ہے کہ ایشیائی کمیونٹی میں آرگن ڈونیٹ کرنے یا خون کا عطیہ دینے کا رجحان نہ ہونے

کے برابر ہے"۔

"وہ تو ہے—" —انوار مسکرایا—اب میں سمجھا کہ تم کیوں "ول" (WILL) کے لئے اس قدر زور دے رہی ہو اور کیوں ڈونر (DONOR) کارڈ حاصل کیا ہے—"

"نہیں۔۔۔!" —رخشی نے نگاہیں جھکا لیں "تم اب بھی شاید پورے طور پر نہیں سمجھے—"

"اچھا—" انوار پُرخیال انداز میں سر ہلانے لگا— "ڈرتی ہو—ہے نا؟"

"ہاں!"

"موت سے۔۔۔؟"

"ہاں۔۔۔موت سے۔۔۔مجھے بچپن سے ہی تنگ یا بند جگہ کا خوف لاحق ہے۔ میرا دم گھٹنے لگتا ہے۔ قبر کا۔ لحد کا اور سِلوں کے پیچھے بند ہو جانے کا—منوں مٹی تلے دفنانے کا تصور ہی میری سانسیں روک دیتا ہے—"

"لیکن مردے سانس نہیں لیتے—اس سے کیا فرق پڑتا ہے۔ دفنایا جائے یا جلایا جائے—"

"پَر زندہ کو تو پڑتا ہے نا—اس سوچ سے ہی سانس رکتی ہے کہ موت کے بعد کیا ہو گا—اور پھر بقول تمہارے اگر مُردے کے لئے دفنانا یا جلانا یکساں ہے تو کچھ بھی ہوتا رہے۔ آخر کیا فرق پڑتا ہے—میں چاہتی ہوں کہ مرنے کے بعد میرے تمام اعضا ڈونیٹ کئے جائیں اور باقی جسم سپردِ آتش کر دیا جائے"

"ٹھیک ہے—مردے کو تو شائد کوئی فرق نہ پڑے لیکن زندوں کو—یعنی ان کو جو اس ڈونر کے فیملی ممبر ہیں۔ انہیں بہت فرق پڑے گا—رخشی! تم اس شہرت

یافتہ خاتون قلم کار کو کیوں بھول جاتی ہو کہ جس نے خود کو پس مرگ ایسے ہی سپرد آتش کرڈالنے کی وصیت کی تھی اور اسے کس طرح سے ہدف ملامت بنایا گیا۔ سب سے زیادہ تنقید کرنے والی تو ایک عورت ہی تھی۔ ایسی عورت جو خود قلم کار بھی ہے۔ محض جنسیات پر لکھ لکھ کر شہرت کمانے والی عورت ــــــ ایک ایسی قلم کار کو بھی سپرد آتش کرڈالنے والی وصیت پر اعتراض تھا۔ عوام کا تو خیر ذکر ہی کیا ــــــ عام روش سے ہٹ کر قدم اٹھانے کی غلطی کوئی معروف شخصیت بھی کرے تو اس کی دھجیاں اڑادی جاتی ہیں"۔

"کمال ہے ــــــ" رخشی کے چہرے پر جھنجھلاہٹ اور آزردگی کی پرچھائیاں لرزنے لگیں۔ سینے میں گرہیں ڈالتے حرف لبوں پر بلبلوں کی مانند پھوٹتے چلے گئے۔

"کم از کم انسان کو اپنی موت کے بعد تو اپنے جسم پر اختیار مل ہی جانا چاہئے ــــــ "میرے آرگن میرے ہیں ــــــ میں جو چاہوں ڈونیٹ کر دوں اور بقیہ جسم جہاں چاہوں پھینک دوں ــــــ"

"کیا ایسا ہو سکتا ہے" ــــــ انوار نے رخ پھیر کر اس کی طرف دیکھا ــــــ "معاشرے کے جنگل میں با اختیار شکاریوں نے اپنے ہی جیسے باقی سب انسانوں کو بہتر چارے کے طور پر اپنے حصول اقتدار کی خاطر اپنی مرضی اور خوشی کی مچان پر باندھ رکھا ہے۔ ہر جاندار کے لئے ایک مخصوص دائرہ یا حلقہ ہے جس سے باہر نہیں نکلا جاسکتا۔ اور اس سے ہٹ کر قدرت کے اصول بھی دیکھو تو اس نے اپنی ہی حد بندی کر رکھی ہے۔ حتیٰ کہ زمین کی بھی کشش ثقل ہے۔ جس سے نکلنے کا راستہ نہایت دشوار ہے ــــــ"

"لیکن زندگی کی حد تک نا ــــــ موت کے بعد بھی زندگی کے اس خیر و شر میں حصہ داری نباہنا کہاں کا انصاف ہے ــــــ"

"جو بھی رائج ہے سو رائج ہے ــــــ" ــــــ انوار نے خطوط سمیٹ کر ٹیبل پر رکھے

اور خود بستر پر دراز ہو گیا۔

"انوار شام میں تمہارا کیا پروگرام ہے"——رخشی نے میز پر ناشتہ لگاتے ہوئے اس سے دریافت کیا——انوار تولیہ شانے پر لٹکائے ابھی ابھی واش روم سے باہر آیا تھا۔ بالوں کو نرم ہاتھوں سے تھپکتے اور سوچتے ہوئے بولا——

"وہی——حسب معمول ویک اینڈ پر کیسینو(CASINO)"——اس کا لہجہ اسی مخفی جو شیلی راحت سے لبریز تھا جو ہفتے کے پانچ یکساں دن گزار لینے کے بعد پانچویں شام میں اس طرح دریافت ہو جاتی ہے گویا زندگی اپنے ہونے کا اور وقت اپنی موجودگی کی کشش کا احساس دلا دے۔ رفتار سفر دائرے میں گھومتے گھومتے تھم کر ایک جلتی بجھتی روشنیوں کے اسرار میں لپٹی عمارت کے دروازے تک لے آئے۔ جس پر درج ہو "ویک اینڈ——" موجودہ زمانے کا ہر شخص جس کا شدت سے منتظر رہتا ہے——بچے سے لے کر بڑے تک۔

سنی اور سپنا ابھی تک ناشتے کی میز پر موجود نہیں تھے——رخشی نے ایک کرسی کھینچی اور اس پر ٹک گئی۔

"علیم الدین صاحب کے ہاں آج میلاد ہے——!"

"اوہ۔۔۔"——انوار بھی ساتھ والی نشست پر آ بیٹھا——"

"آج تو جمعہ بھی ہے۔۔۔"

"ہاں ڈیڈ——"——سنی اپنے کمرے سے باہر آتے آتے پکارا۔ "آج تو جمعہ ہے اور مسجد میں "پرے"(Pray) کے لئے بھی جانا ہے——"

"نماز بیٹا——جمعہ کی نماز کے لئے جانا ہے"۔ رخشی نے بیٹے کی تصحیح کی۔

"سوری مام——نماز جمعہ کے لئے——اب تو ٹھیک ہے——"

"ہاں ــــــ" ــــــ رخشی نے اثبات میں سر ہلایا ــــــ

"سنی نے خوب یاد دلایا۔ تم بہر حال جمعہ پڑھنے تو جاؤ گے ہی ــــــ اور سنی بھی جائے گا ــــــ"

"ہاں۔۔۔ں۔۔۔ں۔۔۔" ــــــ انوار نے ایک طویل ہنکارا بھرا ــــــ

"چلو ایسا کر لیتے ہیں کہ جمعہ کے بعد ذرا سی دیر کو علیم الدین کے ہاں ہو آئیں گے۔ یہ سوسائٹی میں منہ دکھانے کا بڑا مسئلہ ہے۔ ذرا سی کوئی شکایت ہو جائے تو وہ بات کا بتنگڑ بنا لیتے ہیں۔ وہاں سے اپنے دوستوں کی طرف ہوتا ہوا میں ان کے ساتھ کیسینو (CASINO) چلا جاؤں گا ــــــ"

"اور مجھے ادھر پھنسا جاؤ گے۔ علیم صاحب کے گھر"۔

"نو ماما۔۔۔" ــــــ سپنا بھی گفتگو میں حصہ لینے کے لئے کرسی کھینچ کر بیٹھتے ہوئے بولی ــــــ "آف کورس میں آپ کے ساتھ جاؤں گی۔ مگر صرف تھوڑی دیر کو ــــــ مام ہم تو آج رات فلم دیکھنے جا رہے ہیں نا ــــــ آپ چاہیں تو آپ بھی اپنی فرینڈ کے ساتھ پروگرام بنا لیں ــــــ سنی تو As usual ڈسکو میں ہی ہو گا"۔

وہ تینوں بہت جلدی میں تھے۔ سنی نے سپنا کی بات پر اثبات میں سر ہلایا۔

"ہاں مام ــــــ پرے کے ختم ہوتے ہی میں چلا جاؤں گا ــــــ"

"بائی ــــــ"

"بائی ــــــ"

نشست گاہ میں گرمائی دوپہر کی سنہری دھوپ اپنی فصل کاشت کر چکی تھی۔ کھلی کھڑکی سے باہر منظر کے کینوس پر زرد شگوفوں کے گچھوں میں نیم مستور سرخ آتشیں رنگت کا لمبی چونچ والا پرندہ کچھ کریدنے میں لگا تھا۔ زندگی کے کیلنڈر پر ایک اور ہندسہ

اپنی گنتی کے اختتام کی جانب رواں تھا۔۔۔۔نارسیدہ لمحوں کا خود ساختہ سلسلہ جسے سہولت کی خاطر وقت کے عنوان سے پکارا جاتا ہے اور جس کی رقص گاہ میں اسرار و رموز کے دائرے۔۔۔۔بنا حرف احتجاج کے محض گھومتے رہنے پر مجبور ہیں۔۔۔۔نشست گاہ کا فرنیچر باہر پائیں باغ میں نکال دیا گیا تھا۔ جہاں خواتین اور لڑکیاں دیوار سے ٹیک لگائے سر ڈھانپ کر بیٹھی ہوئی تھیں۔۔۔۔ابھی ابھی قرآن خوانی کی مجلس کا اختتام ہوا تھا۔ اور اب باہر والے مختصر لان کی جانب سے برتن لگائے جانے کی آوازیں نمایاں طور پر سنائی دے رہی تھیں۔۔۔۔آہستہ آہستہ ماحول تبدیل ہوتا چلا گیا۔۔۔۔سب سے پہلے نوجوان دوشیزائیں اٹھیں اور صاحب خانہ کی نوجوان لڑکی کے ساتھ اس کے کمرے کو چل دیں۔ پھر خواتین کے سروں پر احتیاط سے جمائے گئے دوپٹے کھسک کر شانوں پر ڈھلکتے چلے گئے۔ اور بالآخر موضوعات تبدیل ہو گئے۔ اور اپنی اپنی دلچسپی کے امور و حالات پر تبادلۂ خیال ہونے لگا۔۔۔۔علیم الدین صاحب کے ہاں قرآن خوانی ہو گئی تھی۔۔۔۔میز پر سہ پہر کی چائے لگائی جا چکی تھی۔۔۔۔

"ماما آپ حد سے زیادہ آئیڈیالسٹ ہیں"۔۔۔۔سنی جھنجھلایا ہوا تھا"۔۔۔۔آئیڈیل ازم صرف کتابوں اور خیالوں میں اچھا لگتا ہے۔ ریالیٹی (Reality) بالکل مختلف چیز ہوتی ہے۔ آپ کا جذبہ بہت اچھا ہے۔ ہم سب اسے پریز (Praise) کرتے ہیں لیکن۔۔۔۔" وہ ہچکچا کر خاموش ہو گیا۔۔۔۔

"لیکن کیا بیٹے۔۔۔۔اچھی بات کسی کو تو کرنی چاہیے۔ میرے خیال میں تو۔۔۔۔خیر! سب کو صرف اچھی بات کرنی چاہیے۔۔۔۔"

"جنت میں ہُوا کریں گی اچھی اچھی باتیں۔ جان من۔۔۔۔"۔۔۔۔انوار مسکرایا "۔۔۔۔اگر اُس نے یعنی اوپر والے نے دنیا کو ہی فردوس بریں بنانا ہوتا تو پھر الگ دنیا کیوں

بناتا ــــــ یہاں یوں سمجھو کہ ایک ٹینڈر کھلا ہے جو "جو ہے جیسا ہے" کی بنیاد پر اسے سوسائٹی نے منظوری دی ہے اور حاصل کر لیا ہے"۔

"پاپا آپ تو بات بلا وجہ الجھاؤ میں لے جاتے ہیں ــ" ــــــ سنی دوبارہ موضوع گفتگو کی طرف پلٹا" ــــــ آرگنز ڈونیٹ کرنا کوئی بری بات نہیں، یہ تو انتہائی اچھا ہے ــــ ہم ایڈمائر Admire کرتے ہیں۔ لیکن۔ ! ــــــ لیکن وہ بات کرتے کرتے رک گیا اور "لیکن" پر زور دے کر اپنی بات کی اہمیت واضح کرتے ہوئے پھر سے گویا ہوا ــــــ "لیکن معاملہ اس سوسائٹی کا ہے جس میں ہم نے زندہ رہنا ہے ــــــ اور موو (Move) کرنا ہے ــــــ صاف اور سیدھی بات بس اتنی سی ہے۔ باقی سب کا سب آئیڈیل ازم ہے ــــ بس باتیں ــــــ اب آپ ایک غیر جذباتی اور سیدھی، صاف ریالٹی (Reality) کو دیکھیں۔ ماما! آپ یا کوئی بھی شخص جو آرگن ڈونیٹ کر رہا ہے جب مر جائے گا تو اس کی ڈیڈ باڈی وہاں ہسپتال پہنچانا ہو گی۔ چیر پھاڑ کرنے کے لئے۔ اور اس کے فیملی ممبر رہ جائیں گے گھر پر جہاں لوگ تعزیت کو آتے ہیں۔ ان کا سامنا کرنا ہے۔ ان کے طنز کو سہنا ہے۔ اور منہ چھپائے پھرنا ہے۔ وہ، باقی زندہ بچ رہنے والے ــــــ یعنی اس وصیت کرنے والے کے رشتہ دار تو سر اٹھانے کے لائق ہی نہ رہیں گے ــــــ"

سنی باقاعدہ طیش میں آگیا تھا۔ جملے کے اختتام تک اس کی آواز بلند ہو گئی اور وہ جھلّا کر خاموش ہو رہا۔

"ہاں بھئی" ــــــ انوار دیر تک اثبات میں سر ہلائے گیا۔ "کہتا تو تمہارا بیٹا صد فی صد درست ہے۔ صرف اس ایک دن یعنی انتقال والے دن ہی نہیں بلکہ بعد میں بھی تا حیات ان بچ رہنے والوں کو بار بار سولی پر لٹکایا جائیگا ــــــ یہ ہیں اس عورت کے بھائی۔ باپ، بیٹا یا بیٹی ــــــ جس نے اپنی لاش کی چیر پھاڑ کرا دی تھی۔ اور خود اس دنیا سے جاتے

جاتے نار جہنم کو اپنے لئے منتخب کیا تھا- آہ-ہ-ہ-"——وہ سرد اور طویل سانس لے کر رہ گیا"——رخشی دنیا بڑی سنگدل، ظالم، کمینی ہے۔ دوسرے کے دکھوں پر ان کی ذلت وجگ ہنسائی پر ہی تو اپنی مجلس سجائے بیٹھی ہے۔ ابھی تمہارے بچوں کی شادیاں ہونا ہیں۔ کون کرے گا ان سے رشتے یا کون ہوں گے ان کے سسرال والے۔ تمہاری موت کے روز یہ تو منہ چھپاتے پھریں گے——"——انوار دَم بھر کے لئے خاموش ہو گیا——

پھر مسکراتے ہوئے گویا ہوا——

"تم زندگی میں تو سب کے لئے پرابلم بنتی ہی رہی ہو اب مر کر تو مصیبت نہ پیدا کرو——ساری عمر میں تمہاری ذات پر یہ لطیفہ دہراتا رہا ہوں کہ کسی کی گھر والی دریا میں ڈوب کر مر گئی۔ لوگ پانی کے بہاؤ کے رخ اس کی لاش ڈھونڈنے کے لئے جانے لگے تو ستم رسیدہ شوہر بولا کہ اسے اُلٹے رخ پر جا کر تلاش کرو——ہر کام وہ الٹا کرتی تھی——ضرور مری بھی الٹے رخ پر ہی ہو گی——خدارا کم از کم مرنے کے لئے تو سیدھا طریقہ ہی منتخب کر ڈالو——"

رخشی زچ ہو کر تیز آواز میں چلائی "ہر وہ کام تو خوش اسلوبی——جوش اور لطف سے انجام دیتے ہو کہ جس سے اس معاشرے یا خاندانی نظام میں برائی کے جراثیم پنپنے کا بھرپور اندیشہ پایا جاتا ہو۔ قمار بازی، شراب، سود خوری، دھوکہ دہی اور درپردہ عورتوں سے گناہ آلود تعلق۔۔۔"

بچوں کی موجودگی کے سبب اس کی زبان لڑکھڑا گئی——مگر انوار کو جیسے انہی الفاظ سے سہارا مل گیا۔

"یہی بات 'یہی ایک نکتہ یا راز ہی تو بتانا چاہتا تھا۔ ابھی ابھی جو تم نے خود کہا ہے۔ "درپردہ تعلق" تو گویا اصل حقیقت کا اظہار تو تم نے خود کر دیا ہے کہ اک پردہ سا رکھو اور

سب کچھ کرتے پھرو ـــــ مزے سے۔ بس وہ پردہ نہ اٹھ سکے کیوں کہ غلاف کے باہر جو ننگی حقیقت ہے یا جو مکمل سچائی ہے وہ کوئی نہیں سہہ پاتا"۔

"ماما پلیز آپ اپنے فیصلے پر دوبارہ غور کریں ـــــ" ـــــ سنی کے لہجے میں خاصی قطعیت تھی۔

"ہم سے یہ سب نہیں ہو پائے گا ـــــ" وہ اپنی بات کہہ کر چل دیا ـــــ اب اس کے حساب سے وصیت باطل ہو گئی تھی۔

رخشی نے رات کی تاریکی میں ڈوبے کمرے پر نگاہ دوڑائی۔ انوار سو چکا تھا۔ اور اندیشے، خدشات، واہمے ـــــ خوف کی بے پناہ بھیانک صورتیں لے کر جاگ اٹھے تھے ـــــ

"سنو رخشی۔۔۔ کیا تم واقعی ڈونیٹ کرنا چاہتی ہو ـــــ؟"

"ہاں" ـــــ وہ خود سے پورے یقین کے ساتھ مخاطب ہوئی ـــــ پر ایک باریک منحنی سی سرگوشی اور بھی تو ابھری تھی ـــــ بہت قریب، سماعت کے قریب ـــــ بلکہ سماعت کے اندر کہیں جہاں خیال کی گردش خون کی روانی میں گھلنے کا آغاز کرتی ہے۔

"رخشی سچ تو یہ ہے کہ تم ڈرتی ہو-!"

"ہاں ـــــ" اس نے خوف کی دلدل میں ہاتھ پیر مارتے ہوئے تھوک نگلا ـــــ رخشی کا حلق پوری طرح سے خشک ہو رہا تھا۔

"ہاں میں ڈرتی ہوں ـــــ قبر کا خوف، مٹی تلے دب جانے کا خوف، مختصر جگہ پر بند ہو جانے کا خوف ـــــ" رخشی کی سانس کا پنڈولم اس تصور کے احساس سے ہی بے طرح تیز ہو گیا اور اس قدر شدت سے بجنے لگا کہ جیسے کوئی قوت پوری طاقت سے لوہے کے گھڑیال پر ضرب لگا رہی ہو۔ "گڑل-گڑل-گڑل" خوف اس قدر بھیانک بھی ہو سکتا

ہے۔ اس حقیقت کو اس وقت تک نہیں جانا جا سکتا کہ جب تک کسی کو خوف کی تاریک تر گپھا میں ہاتھ پیر باندھ کر پھینک نہ دیا جائے۔ لرزہ خیز سیاہی کی پتلی سی سرنگ میں نیچے ہی نیچے گرتا چلا جا رہا جسم اپنی سانس میں خوف کو چھو کر محسوس کر سکتا ہے۔ اپنے ہر عضو کو اس گاڑھی بوجھل کاٹ دار سیاہی میں دھنستا ہوا محسوس کر سکتا ہے - اور خود کو بے بسی کی سینہ چیر رہی وحشتوں کی تیز کاٹ دار دھار پر ریزہ ریزہ کستا ہوا محسوس کر سکتا ہے۔ مگر وہ کر کچھ نہیں سکتا ـــــ"

رخشی تڑپ کر اٹھ بیٹھی - اور تیز تیز سانسوں کی دھونکنی سے پھٹ رہے سینے کو معمول پر لانے کی اس پرانی المناک تگ و دو میں مصروف ہو گئی ـــــ کہ جس میں وہ خود کو ایک عرصے سے الجھا ہوا پا رہی تھی۔

"کیا معلوم لوگ سچ کہتے ہوں ـــــ" کوئی سینے کے اندر سے کراہا ـــــ اب وہ اس گرداب سے باہر آ گئی تھی۔ اور دوبارہ تکیئے پر سر رکھ کر لیٹ گئی تھی۔

"لوگ کہتے ہیں کہ کٹا پھٹا جسم یونہی آدھا ادھورا اٹھے گا ـــــ روزِ قیامت اس کی بخشش نہیں ہو گی" ـــــ

"تم مانتی ہو بخشش کو یا روز قیامت کو ـــــ!"

"میں شک کا شکار ہوں ـــــ ہاں اور نہیں میں پھنسا وجدان ـــــ کبھی اثبات تو کبھی نفی کا گمان ـــــ پیچ کا اندیشہ ـــــ تشکیک کا، ظن کا ہیولا ـــــ پر لوگ تو یہی کہتے ہیں اور عقیدہ بھی ـــــ کہ لاش کی بے حرمتی یا اسے سپرد آتش کرنا جائز نہیں ـــــ ایسا شخص گویا خود ہی جہنم قبول کر رہا ہے۔" ـ ـ ـ ـ ـ ـ ـ وہی کاٹ دار سرگوشی پھر ویسے ہی سماعت کے قریب نہیں بلکہ سماعت کے اندر خون میں گھل رہے خیال میں ابھری ـــــ

"لیکن خوف ـــــ!" ـــــ وہ کراہ اٹھی۔ اصل وحشت تو خوف کی ہے ـــــ

منوں مٹی تلے دب جانے کا خوف ——"

"جلنے کا ڈر نہیں ہے کیا ——؟"۔

"شاید ہے! —— پر دَب جانے کا خوف ——"

رخشی نے جھرجھری سی لی۔ کالی گاڑھی سیاہی کی بھنچتی دلدل پھر سے جسم کے اِرد گِرد اپنی وحشت ناک گرفت کا آکٹوپس جمانے کو بڑھتی چلی آرہی تھی ——

ویک اینڈ کی آخری رات انوار کے مشاغل میں ترتیب کے لحاظ سے گھر پر اک ذرا سا سکون حاصل کر لینے کی رات ہوا کرتی تھی ——

"جب بھی خرید کر لاؤ ایک دھڑکا سا ضرور لگا رہتا ہے ——" —— اس نے سنہرے چمکیلے سیال سے لبریز لانبی دیدہ زیب بوتل ہاتھ میں مضبوطی سے تھامی —— اندر رو پہلا مشروب سبک رَوی کی نزاکت سے چھلکنے لگا ——

"کیسا دھڑکا" —— رخشی نے طعام گاہ میں برتن لگاتے اٹھاتے اسے سوالیہ نظروں سے دیکھا۔

"یہی اپنے کسی ایشیائی بندے کی نظر میں آجانے کا خدشہ ——" نمایاں دلار آمیز دلداری و دلنوازی کے تسکین یافتہ جذبات میں سرشار ہو رہے انوار نے ہاتھ میں تھامے بلوریں پیمانے کے اندر نزاکت کے ساتھ مطلوبہ مقدار ڈالی اور اسے اٹھا کر روشنی میں غور سے دیکھے گیا ——

"پہلے کچھ دیر تو میں ہر ایک کاؤنٹر کا جائزہ لیتا ہوں کہ کس قطار میں کالے بالوں والا کھڑا ہے۔ جب پوری طرح سے تسلی ہو جائے تو کھانے پینے کے سامان میں چھپائی ہوئی بوتل نکال کر کاؤنٹر پر رکھتا ہوں" —— سرور بخش لمحوں میں وہ مسلسل پُر لطف گفتگو کرتا تھا ——

"ہم انسانوں سے کس قدر ڈرتے ہیں——!"

"ہاں——" اس نے اثبات میں سر ہلایا"——کیوں کہ انہی میں رہتے جو ہیں——یہ ایک ہی دنیا ہے۔ ہم اپنے رہنے سہنے کے لئے کوئی دوسری دنیا نہیں بنا سکتے——"

راہداری میں رکھے فون کی گھنٹی پر دونوں نے چونک کر ادھر دیکھا——اور رخشی فون اٹھانے چل دی۔

"کس کا تھا"——وہ فون سن کر واپس لوٹی تو انوار نے بڑا سا گھونٹ بھر کر دریافت کیا؟"

"علیم الدین صاحب کے گھر سے تھا۔ ان کے دادا کا انتقال ہو گیا ہے——وطن میں۔۔۔۔!"

"اوہو۔۔۔۔ہو۔۔۔۔ہو——" انوار کے لہجے میں اک کوفت زدہ بیزار سی جھنجلاہٹ ابھری۔۔۔۔"بوڑھے آدمی تھے۔ پھر بھی علیم الدین کے ہاں جانا تو ہو گا——دنیا کی خاطر——تعزیت، سوئم، قل وغیرہ سب کچھ انجام دینا ہو گا——"

"ہاں-ں-ں!"——رخشی کا لہجہ انتہائی ٹوٹا ہوا اور آواز بے حد دھیمی تھی۔ "ایک وقت کا کھانا بھی ہمیں اپنی باری پر پہنچانا پڑے گا——پچیس تیس لوگ ہیں اس علاقے میں اپنی جان پہچان والے جو کہ میّت کے گھر پُرسے کو آئیں گے——"

"دنیا داری ہے رخشی ڈارلنگ۔۔۔۔ اس بناوٹی، ظالم اور منافق دنیا کی دنیا داری کہ جس میں ہم رہتے بستے ہیں۔ جیتے مرتے ہیں——یہاں جینے مرنے کا خراج دینا ہی پڑتا ہے——"انوار نے سنہری، چمکیلی، لانبی دلکش بوتل کو مضبوطی سے تھام رکھا تھا——

"اک پردہ سا رکھنا ہے——اب اسے ہی دیکھو کیسے کانچ کا غلاف اوڑھا ہے اس نے ورنہ یہ بہہ جائے گی۔ خلاص——سب ختم——انسان کو بھی پردہ، غلاف، دیوار

منافقت وغیرہ وغیرہ ــــــ ورنہ ختم ــــــ نہ سماج نہ سوسائٹی ــــــ نہ ملنے جلنے والے ــــــ نہ اس حیوان ناطق کی بولتی چالتی زندگی ــــــ" ــــــ آہ-ہ-ہ-آ-آ ــــــ"

اس نے ایک اور گھونٹ بھرا ــــــ لطف و سرور سے اس کی آنکھیں بند ہوئی جارہی تھیں۔ اور پسندیدہ دنیا اس کے تخیل کے دائرے میں آہستہ آہستہ اترتے سائے کی مانند آگے ہی آگے بڑھتی آرہی تھی۔ وہ دنیا کہ جس میں وہ اپنی خواہش کے مطابق رہنا سہنا چاہتا تھا ــــــ آرزوئیں جس جزیرے میں حسب منشا پھول کھلاتی ہیں۔ اور تمنائیں جہاں اپنی پگڈنڈیوں پر دور اندر تک دل کی انگلی تھامے لئے جاتی ہیں۔ ہولے ہولے سرگوشی میں من پسند انکشاف کرتے ہوئے کہ "آؤ وہاں چلیں جہاں روشنی، صبا، پرندے، نغمات اور پُر شباب دوشیزاؤں کے جھرمٹ محض تمہارے انتظار میں چشم براہ ہیں"۔

"کھانا کب لگاؤں ــــــ" رخشی نے کچن سے نکل کر دریافت کیا تو اسے جواب میں ہمیشہ کی طرح انوار کی اس مخصوص دل موہ لینے والی مسکراہٹ سے سابقہ پڑا جو ہر ویک اینڈ کی شام پوری طرح سے سیر ہو جانے کا اپنا بھرپور نقش انوار کے ہونٹوں پر جما جایا کرتی تھی۔ پرسکون، سُکھی، شانت مسکراہٹ ــــــ

وہی گزشتہ ہفتے کا قرآن خوانی والا ماحول پھر سے روبرو تھا ــــــ اندر نشست گاہ میں فرنیچر ہٹا کر سفید چادریں قالین کے اوپر بچھادی گئی تھیں ــــــ لڑکیاں، عورتیں دیر تک چنے پڑھتی رہیں ــــــ باہر مردانے میں ہر آنے والا دعائے مغفرت کرواتا ــــــ

"مرحوم بڑے نیک انسان تھے ــــــ"

"اس میں کیا شک ہے؟"

"پرانے وقتوں کے لوگ سچّے، محنتی اور ایماندار ہوا کرتے تھے ــــــ"

"آج کی نسل تو مشینی ہے۔۔۔ مشینی"۔

"علیم الدین صاحب ہماری تعزیت قبول کریں"۔

"ہم اس جانکاہ صدمے میں آپ کے ساتھ ہیں——"

اندر عورتیں سپارے پڑھنے کے بعد اب گفتگو کے مرحلے پر پہنچ گئی تھیں——

"انجام بخیر ہو جائے——"

"ہاں——بس یہی اللہ پاک سے دعا ہے کہ عزت رکھ لے——"

"مردہ خراب نہ ہو——"

"مسلمانوں نے اپنا علیحدہ قبرستان بنوا کر بڑا نیک کام کیا ہے——"

"اب کم از کم تسلی تو ہو جاتی ہے کہ بے حرمتی نہ ہو گی——"

"سنا ہے کہ اسپتال میں مرنے والے کے اعضاء ہی نکال لیتے ہیں——"

"توبہ توبہ مردے کو بھی نہیں بخشتے——!"

"مرنے والا تو موت سے مرتا ہے پر اس کے عزیز و اقارب مرنے والے کی بے حرمتی سے مر جاتے ہیں——"

"توبہ ہے!۔ ایسی موت تو خدا دشمن کو بھی نصیب نہ کرے جس میں لاش کی بھی عزت نہ رہ جائے—"

"ہم تو یہ جانتے ہیں خوشی میں بھلے شریک نہ ہو غم میں ضرور شامل ہو جاؤ——"

"بندہ ہی بندے کی دوا ہے——آج تیری کل میری باری ہے——"

رخشی آہستہ آہستہ چلتی باہر نکل آئی۔ سامنے صدر دروازے کے قریب لوگ آجا رہے تھے۔ علیم الدین صاحب اور ان کے جوان بیٹے مَردوں سے گلے مل مل کر انہیں رخصت کر رہے تھے۔ وہ سڑک پر پارک کی ہوئی اپنی گاڑی تک پہنچی۔ انوار اسٹیرنگ تھامے اس کا منتظر تھا۔

"یہ رسم بھی بڑی سوچ بچار کے بعد بنی ہو گی——"

"ہیں۔۔۔ں۔۔۔کون سی رسم۔۔۔" رخشی نے بے دھیانی سے شوہر کو دیکھا۔

"یہی پرسہ دینے اور تعزیت کرنے کی رسم —— غم بانٹ لینے سے گویا صدمہ آدھا ہو جاتا ہے"

"ہوں۔۔۔ں۔۔۔ں۔۔۔" —— رخشی نے ہنکارا بھرا۔

"کیا سوچ رہی ہو۔؟"

"ہو۔۔۔وں۔۔۔ں کچھ نہیں——" ——وہ چلتی گاڑی سے باہر دیکھے گئی——پھر کچھ دیر کے بعد سنجیدگی سے بولی "میں ڈونر کارڈ واپس کر رہی ہوں ——تم بھی میری "ول" (WILL) پھاڑ دینا——"

***

سبز رات

زینت ایک مختلف عورت تھی اور یہ صفت یا عیب پیدائشی تھا۔ یکسانیت، ایک سے رات دن، ہر روز سونا جاگنا، ایک سی مشینی زندگی برتتے چلے جانا، یہ سب اس کے اندر کہیں خالی پن، وحشت اور بے چینی بھر دیتا۔ اس کا دم گھٹنے لگتا۔ اپنے ماحول سے نکل کر بھاگنے کی خواہش اس قدر شدید ہو جاتی کہ اس پر قابو پانا ناممکن سا لگنے لگتا۔

پہلے پہل تو گزارا ہوتا رہا۔ ہر وقت خود سے جنگ میں دن، ہفتے، مہینے یوں کٹ کٹ کر گرتے چلے جاتے گویا وہ ہری شاخیں تھیں اور وقت تیز دھار آری لیے اپنے کام میں لگا تھا، لیکن آخر زندگی کی دوپہر ڈھل گئی اور بے چاری زینت کبھی دوسروں سے تو کبھی اپنے آپ سے لڑتے لڑتے خرچ ہوتی چلی گئی جیسے صابن کی ٹکیہ گھلتی رہتی ہے۔

وہ یورپ آ گئے، تھے، شروع جوانی میں! یہیں بچے بڑے ہوئے اور پھر بچوں والے ہو گئے۔ سب کچھ کل کی بات لگتی تھی۔ ایسا کیوں ہوتا ہے کہ لمحہ پھیل کر صدی کا روپ دھار لیتا ہے اور دہائی سکڑ کر، 'کل' کے نقطے میں چھپ جاتی ہے۔ اب بھی ایسا ہی ہو رہا تھا۔ کبھی تو زینت کو یوں لگتا کہ وہ سو رہی ہے یا پھر مر چکی ہے۔ عالم خواب اور بیداری ایک سے ہو چلے تھے۔ ایک غیر مرئی قسم کا غبار ناگوار سی بو کے ساتھ ہر طرف پھیلتا چلا جاتا لیکن اچانک ہی اس خواب کے عالم میں بیداری اپنی آمد کا دھماکا کر دیتی، گویا کوئی سویا ہو اور درندہ جاگ اٹھے اور اپنے وحشی سموں سے ہر لمحے کو روندنا شروع کر دے۔ درد برچھی کی کاٹ بن کر اُبھرتا اور چاقو کی نوک کی طرح سے گودنے لگتا۔

سرجری کسی بھی طرح کی ہو، اذیت ناک اور صبر آزما ہی ہوتی ہے۔ زینت کا پتے کا آپریشن ہوا تھا۔ اس کا پتا نکال دیا گیا تا۔ پیٹ پر لگے سترہ ٹانکے آکٹو پس بن کر پنجہ پھیلائے ہوئے تھے۔ اس پر مستزاد، ازلی دشمنی نباہنے والا معدہ پتے کے نکلتے ہی شیر بن بیٹھا اور سفاکی پر اُتر آیا۔ پیچیدگی در پیچیدگی جگسا پزل جیسی تھی کہ حل ہو کر نہ دیتی تھی۔ اذیت سہنے اور تڑپتے رہنے کے سوا زندگی کا کوئی دوسرا مفہوم رہ ہی نہ گیا تھا۔

"صبر کریں۔۔۔۔" ڈاکٹر کہتا۔

"تحمل سے کام لو۔۔۔۔" اس کے رونے چلانے پر اس کا شوہر اسلم تلقین کرتا۔

"ماما آپ تو بہت بہادر ہیں، ہمت رکھیں!" اس کی دونوں بیٹیاں شبانہ اور رضوانہ سمجھانے لگتیں جو لندن سے ہر کام چھوڑ چھاڑ کر دو ہفتے سے جرمنی آئی بیٹھی تھیں۔ اس کا بیٹا شہزاد اور بہو سمیعہ بھی تقریباً روز ہی اسے دیکھنے ہسپتال آیا کرتے۔

اور زینت روزانہ ہی اپنے اِرد گرد اِک تماشا سا لگا دیکھتی۔ آمد کے کچھ ہی دیر بعد ملاقاتی اپنی ذاتی زندگی کے مسائل کا رونا رونے بیٹھ جاتے۔ بچوں کے ننھے بچے ضد کرتے اور رونے لگ جاتے۔ پنڈورا بکس کھل کر اپنے سپرنگ اُچھالتے اور ان کے سروں پر لگے گیند جست لا کر ماحول کی چادر پر خودکار طریق سے پنگ پانگ کھیلنا شروع کر دیتے جو سیدھے زینت کے سر پر بجتے۔

"ڈنگ ۔۔۔۔ ڈانگ۔۔۔۔ ڈز ۔۔۔۔ ڈنگ ڈانگ۔۔۔۔ ٹھاہ۔۔۔۔!" وہ پوری کوشش سے آنکھیں میچ کر زبان دانتوں میں دبا لیتی۔

"خدا کے لیے۔۔۔۔ اب چلے جاؤ یا اپنی بے سروپا باتیں بند کر دو۔ اور کچھ نہیں تو ان ننھے شیطانوں کو ہی چپ کرا دو۔۔۔۔" لیکن وہ کچھ نہ کہہ پاتی اور اس کا سر پنڈولم بن جاتا۔ ڈنگ۔۔۔۔ ڈانگ کے لٹو پر جھولتے جھولتے پھٹنے کو پہنچ جاتا۔

اپنے شوہر اسلم سے اس کے دلی یا جذباتی مراسم کبھی بھی استوار نہیں ہو سکے تھے۔ جسمانی رابطہ قائم ہو گیا تھا جس نے یہ تین گل کھلا دیے۔ شہزادہ، شبانہ اور رضوانہ، پھر تینوں اپنے اپنے باغوں میں مہکتے چلے گئے۔ اسلم اور زینت کچھ اور بھی فاصلے پر جا پہنچے۔ تب زندگی اور بھی ویران اور بھی اجڑی ہوئی سی ہو گئی۔ خزاں غیر محسوس طریق پر ہولے ہولے وارد ہوتی ہے اور درخت کے پتے اپنی زندگی کھو دیتے ہیں۔ جامد سناٹے کے راج تلے سب سنسان ہو جاتا ہے۔

یہی وہ دن تھے کہ زینت کی ملاقات اپنے بیٹے بہو کی "ویڈنگ اینی ورسری" میں شوفی سے ہو گئی جس کا پورا نام شگفتہ تھا۔ لیکن کٹھیا نے اسے مختصر کر کے شوفی کر ڈالا تھا۔ کھٹیا اسی کے فلور پر تنہا رہتی تھی۔ دو جوان دل مگر ساٹھ سالہ بوڑھی عورتیں، اپنے اس ساتھ سے، اس دوستانے سے، بالکل ہی نئی طرز کی زندگی جینے لگیں۔ آزاد مسرت سے متعارف شدہ دھڑکتی، سانس لیتی متحرک ہواؤں میں عطر بیز جھونکا بن کر بہتی، تیرتی، زندگی زندگی۔۔۔ اور عجیب اتفاق کہ اس جیتی ہوئی عورت کو تقریباً بے جان، جامد، ٹھنڈے شب و روز کے سرد خانے میں رکھی ہوئی زینت کی خاموشیوں سے ملوا دیا۔

"میرا پہلا شوہر پورا جانور تھا۔۔۔" اپنے پہلے تعارف میں شگفتہ عرف شوفی نے زینت عرف زونی کو بتایا تھا۔ "یہ مرد، عورت کی شوریدہ سری کے موسموں کو کبھی جان نہیں پاتے اور جانیں بھی کیسے! ان کی اپنی جسمانی عمر ہمیشہ جوان رہتی ہے جب کہ عورت کی ایسی حیات طبعاً عمر رسیدہ نہیں ہو پاتی۔ وہ بہت پہلے جسم کے گرداب سے جست لگا کر باہر آ جاتی ہے۔ دو بیٹے ہیں میرے۔ ایک میونخ میں ہے، دوسرا اٹلی میں، شوہر دونوں کے دونوں گلے سے اُتار پھینکے۔" زینت بے دلی سے رسماً مسکرائی تو شوفی نے اسے گہری نظر سے دیکھا۔

"تم زندگی سے ہار رہی ہو۔۔۔۔ ہے نا۔۔۔ جب کہ میرا خیال ہے کہ تم ہارنے والوں میں سے ہو نہیں۔۔۔"

"ہر ایک کو ہارنا تو ہوتا ہے۔ جلد یا بدیر۔" زینت خلاؤں میں دیکھنے لگی۔

"پر یہ کوئی قاعدہ کلیہ تو نہیں۔ مجھے تم سے اختلاف ہے کیوں کہ بہر حال کہیں نہ کہیں" کچھ "مختلف ضرور ہوا کرتا ہے۔ جیسی کہ تم ہو۔۔۔" شوفی سمجھ گئی تھی اور سمجھانا بھی چاہتی تھی۔ "تم مختلف ہو۔ اپنے اندر سے تمھیں اس کی خبر ہے کہ ہر ایک کا ہار مان لینا، تمھاراا اصول نہیں بن سکا۔ زندگی کو موت کے کیو میں مت لگاؤ۔ پتا ہے ہم چاروں نے اپنے اپنے فلیٹ کی ایک ایک چابی سب کو دے رکھی ہے۔۔۔"

"چاروں۔۔۔" زینت اس کی باتوں میں نہ جانے کب دلچسپی لینے لگی تھی!

"ہاں۔۔۔ میں۔۔۔ گبریلا۔۔۔ کھٹیا اور اوزانٹ۔۔۔ ایک چابی ہاؤس ماسٹر کو بھی دی ہوئی ہے تاکہ وہ ڈیڈ باڈی اٹھوانے کے لیے پولس کو کال کر سکے۔"

"اچھا۔۔۔" زینت نے پہلی بار کچھ دلچسپی، کچھ حیرت سے اس عورت کو دیکھا جو بڑھاپے میں شگفتہ سے شوفی ہو گئی تھی۔

"آپ اپنے بیٹوں میں سے کسی کے پاس۔۔۔ میرا مطلب ہے وہ آپ کو ساتھ رکھنے کے لیے تیار نہیں؟"

شگفتہ عجیب انداز سے مسکرائی۔ تحمل، گیان، انوکھا پن، بہت کچھ جان کر سب کچھ تیار دینے والا ٹھہراؤ، پختگی، اس مسکراہٹ میں سب کچھ تھا۔ زینت اسے گہری نظروں سے دیکھتی رہی۔

"یہ آزادی میں نے بڑی مشکل سے اور بڑی عمر گزار کر حاصل کی ہے۔ بیٹوں کے ساتھ رہنے کا تو یہ مطلب ہے کہ میں پھر سے اس کا گلا گھونٹ دوں۔ میونخ والے نے بہت

زور دیا تھا کہ ماما آپ میرے ساتھ رہیں۔ خود آپ اپنی بھانجی کو بہو بنا کر لائی ہیں۔ لیکن مجھے اچھی طرح سے علم ہے، رشتے قیمت مانگتے ہیں۔ آزادی، مسرت اور خود مختاری کو مار دینے کی قیمت۔ جب کہ یہ ادائیگی میرے بس کی بات نہیں۔" وہ ایک پل کو رُک کر بولی: "اگر تم چاہو تو ہم چاروں کے ساتھ شامل ہو سکتی ہو۔ اس نئے طرز کی زندگی میں، ہمارے لیے تم زونی ہو۔"

"زونی۔۔۔؟" زینت نے تعجب سے اپنے کام اختصار یہ دہرایا۔ پھر آہ کی طرح اس کے لبوں نے بے ساختہ کہا:

"میرا تو اب کوئی نام ہیں نہیں۔ سچ پوچھو تو خود مجھے بھی بھول چکا ہے۔ کبھی کسی نے پکارا جو نہیں۔ میں تو اب نانو ہوں گرینی۔ آنٹی، تائی، خالہ۔۔۔ اور تو اور میرے شوہر اسلم تک یہی کہتے ہیں۔۔۔ آپ کی مام، آپ کی گرینی، آپ کی تائی ماں۔۔۔ بس یہی کچھ ہے، جس میں زینت کہیں نہیں۔"

"چہ۔۔۔ چہ۔۔۔ چہ" شوفی نے بیزاری اور افسوس کے ملے جلے لہجے میں تبصرہ کیا۔ تم تو خود کو فنا کر فاتحہ بھی پڑھ چکی ہو۔" چند نوجوان خواتین محفل سے اُٹھ کر اس کونے کی طرف چلی آئی تھیں۔ ان میں سے اکثر نے اپنی یا اپنے بچوں کی چیزوں کو اُدھر چھوڑتے ہوئے "گرینی۔۔۔ نانو۔۔۔ آنٹی۔۔۔" یعنی زینت کو نگراں بنایا تھا۔ ہر جگہ، ہر تقریب یا محفل میں زینت کا مصرف رفتہ رفتہ "لاکر" کا سا ہو گیا تھا۔۔۔ خاموش چوکیدار۔ "شکریہ آنٹی" وہ اپنی اپنی امانتیں وصول کرتی رہیں۔ تب شوفی نے خدا حافظ کہتے ہوئے اسے ایک کاغذ تھما دیا۔

"یہ میرا اور کھٹیا کا مشترکہ ایڈریس ہے۔ کل ہم سٹی ہال میں ملیں گے چار بجے۔ گبریلا اور اوزانٹ بھی آئیں گی۔ تم وہاں آجاؤ سب سے مل لینا۔ کافی ہاؤس میں پہلے تو گپ

بازی کریں گے پھر کسینو جائیں گے۔ جسٹ فار فن سیک۔ ہارنے، جیتنے کے لیے نہیں، صرف زندگی سے اپنا حصہ وصول کرنے کے لیے!"

اور زینت کو خود پر اس وقت بہت حیرت ہوئی کہ جب وہ اک زمانے کے بعد قدرے اہتمام کے ساتھ لباس کا انتخاب کر کے تیار ہوئی۔

"کہاں جا رہی ہو؟" اور اس قسم کے لڑکیوں والے لباس میں۔۔۔؟" اسلم تعجب سے بڑھ کر طعنہ زنی کے ساتھ پوچھ رہا تھا۔

"میرے جیسی "ایک لڑکی" کی سالگرہ ہے" زینت نے جھوٹ بولا۔ "وہ تنہا رہتی ہے اس لیے مردوں کو نہیں بلایا، کل ہی شہزادہ کے گھر ملاقات اور دوستی ہوئی تھی۔" اسلم کچھ سمجھ نہ پایا اور زینت عرف زونی ان چار بوڑھی لڑکیوں میں جا پہنچی اور کھل اٹھی۔ زندگی زندہ ہوگئی۔ اچانک صندوق میں رکھے گئے پرانے دنوں کے البم کی طرح، پرانے دن برآمد ہوئے اور اس کے دل میں ہنسنے گانے لگے۔

مسرت۔۔۔ بھولی بسری، کبھی کی کھو چکی، گمشدہ مسرت کسی تاریک گپھا سے نکلی اور سینے میں ترل ترل گرتی، برسات کے بلبلوں میں شوخیوں سے قہقہے لگانے، اچھلتے چلے جانے کی صورت پہلے پہل متعارف ہوئی وار پھر رفتہ رفتہ لہو میں بہنے لگی۔

کافی ہاؤس میں آئس کافی پیتے وہ بچوں جیسی ہنسی ہنستیں۔ یونہی بلا وجہ پانچ بوڑھی بچیاں ایسی از خود رفتہ سی پائی جاتیں کہ دیکھنے والے کو آہستہ آہستہ شبہ ہونے لگتا کہ شاید وہ اتنی بوڑھی نہیں ہیں جیسا اس نے خیال کیا تھا۔

"اسے دیکھو۔ وہ اُدھر کونے میں کھویا کھویا بیٹھا ہے۔۔۔ قرمزی ہیٹ والا"۔ اوزانٹ نے آنکھ سے اشارہ کیا۔ "کبھی کبھی غور سے مجھے دیکھتا ہے۔ کیا کہتی ہو سگنل دے دوں؟"

"ہشت" شوفی ترنگ میں لہرائی۔ "پہلے یہ تو جان لو کہ وہ کسے دیکھ رہا ہے۔۔۔ تمھیں مجھے یا انھیں؟"

"کسی کو بھی" گبریلا بے پروائی سے کہنے لگی۔ "چند لمحوں کے لیے وقت کے آسمان پر نکلی قوسِ قزح آنکھوں کو بہت بھلی لگتی ہے۔ اس عمر کے "لڑکے" دور دور سے ناز برداری کے لیے بڑے مناسب رہتے ہیں، اس سے بڑھ کر نہ لینا، نہ دینا، بس رنگوں کی، روشنیوں کی اور ان میں مگن رہنے کی چھوٹی چھوٹی وجہیں تلاش کرنا ہیں، کچھ پل کے لیے سب بھول کر ملنا اور بچھڑ جانا۔۔۔"

"پھر کہیں اور۔ پھر کس اور سے۔۔۔" کھٹیا نے لقمہ دیا۔

زینت کے لیے یہ رخ بے حد حیران کن اور نیا تھا، خواب جیسا تھا! جاگتی آنکھوں کا خواب! وہاں سے اُٹھ کر وہ ونڈو شاپنگ پر نکل کھڑی ہوئیں۔ معمولی اور چھوٹی چھوٹی باتوں پر ہنس ہنس کر، دُہرے سے ہو جانا۔۔۔ کس قدر دلنشیں، کیسا خواب ناک طلسماتی، فسوں خیز اور پاگل بنا دینے والا تھا! زینت پاگل سی ہو گئی۔ رات گئے گھر لوٹنے وہ وہ تھکن سے بے حال تھی مگر اس تھکاوٹ میں مایوسی، دکھ یا آزردگی نہیں تھی۔ ایک چاہت بھرا دبا دبا سا ہیجان، اک غیر متعارف شدہ نئے پن کی بانکی ترنگ نس نس میں لہو کے ساتھ گاتی بہتی تھی۔ وہ تو یہ زندگی جان یہ پائی تھی۔۔۔ کبھی نہیں۔۔۔ دورِ شباب میں بھی نہیں۔ ہر طرف ہمیشہ بہت سی آنکھیں، کئی پیشانیاں نگراں رہتی تھیں۔۔۔ منہ کھول کر ہنسنے سے جن پر بل پڑ جاتے۔۔۔ آنکھوں میں تنبیہ کے مہیب سائے لہرانے لگتے۔ کتنے رشتے اور کتنے حصار، دائرے مطالبے، تاکیدیں، حدود، پابندیاں اور ان کے بچوں بیچ پھنسی، گھٹی پھڑ پھڑاتی، سانس لینے کو تڑپ تڑپ جاتی چار روزہ زندگی!

وہ دور گزارا، نہیں گزرا ہی تھا کہ اچانک قید و بندگی کے قواعد بدل گئے۔ نانو، گرینی،

خالی ماں کا ہنسنا کھیلنا پہننا اور اوڑھنا عیب یا گالی تصور ہونے لگا۔

"اب اللہ اللہ کیا کریں۔۔۔اس عمر میں تو بس یہی رہ جاتا ہے۔۔۔نہ کھانے سے رغبت نہ پہننے کی چاہت!"

"ہاں بھئی یہ تو عاقبت سنوارنے اور دعائیں دینے والے بزرگ ہیں۔۔۔ان کا اب کیا بھروسا۔" قبر کھود کر اس میں اپنے ہاتھوں سے مٹی ڈالنے کا ماحول ہر شخص، ہر آن، تقریباً ہر عمر رسیدہ کے لیے بنائے رکھتا ہے۔ مردوں کا پھر بھی کسی حد تک زندگی کے جھمیلے میں حصہ لگایا جا سکتا ہے، لیکن عورت کا تو بالکل ہی نہیں۔ زندگی اگر کھیل کا میدان ہے تو بڑھتی عمر اس میں داخلے کے دروازے بند کرتے کرتے پہلے تماشائیوں میں اور پھر وہاں سے بھی نکال کر خلاؤں میں چھوڑ آتی ہے۔

بننا سنورنا، خوش ہونا یا خوش دکھنا قطعی معیوب سمجھا جاتا ہے۔ خوشی کی دعائیں جن بوڑھوں کا فرض ٹھہرایا جاتا ہے ان میں خود ان کا کوئی رتی برابر حصہ نہیں۔

بوڑھی عورت اپنے لیے بھی بننے سنورنے کا حق نہیں رکھتی کہ اس کا بوڑھا شوہر سب سے پہلے اس "خوبصورت تبدیلی" پر "پیش دستی" کے بے باک مگر ضعیف ارادے ظاہر کرنے لگتا ہے جب کہ ایک عمر رسیدہ عورت ایسے چونچلوں سے دل گرفتہ یا بیزار ہونے کے علاوہ توانائی و ہمت کا بھی فقدان لیے ہوتی ہے۔ نتیجتاً وہ بہتر دکھنا ترک کر دیتی ہے۔ بیمار، مریل، خستہ حال، نیم جاں روز و شب ہی اس کی قسمت اور اس کی نجات ٹھہرتے ہیں کیوں کہ مرد تو مرد ہے، اسے جسم کے تاریک غار میں آخری سانس تک جینا ہے۔ بوڑھے مرد اور بھی ندیدے، ہوس زدہ حرص کے مارے اور چوبیس گھنٹے کے پیر تسمہ پا بنے ملتے ہیں۔ عورت ذہین ہو اور خوبصورت بھی ہو تو وہ جینا چاہتی ہے، مرنا نہیں چاہتی۔ موت سے پہلے تو بالکل نہیں۔ وہ اپنے لیے نکھرتا، سنورنا اور مسرور ہونا چاہتی ہے

جو ہونے نہیں دیا جاتا۔۔۔ سب جو اس کے ارد گرد رہتے بستے ہیں، اس کے اپنے اس کے قریبی ہوتے ہیں۔ وہ سب اسے اس تصور میں قید کر دینا چاہتے ہیں جو ان کے رشتے اس سے طلب کرتے ہیں۔

عمر رسیدہ بزرگوں کے لیے رشتوں نے رف خانے بنا رکھے ہیں، جہاں وہ شخصیت "فریز" کر کے رشتہ ڈھال لیتے ہیں۔۔۔ یا پھر مسکراتا روبوٹ۔۔۔ سب سنبھالے رکھنے والا "لاکر"۔ وہاں شہزاد اور سمیعہ کی ویڈنگ اینی ورسری میں "لاکر" بنی زینت کو شوفی جیسی جادوگرنی نے پہچان لیا اور اسم سامری پھونک کر اک نئ زندگی عطا کر دی ۔۔۔ وہ اُسے اس نوجوان طبقے کے مخصوص علاقے سے نکال کر باہر لان میں لے آئی۔ کچھ ہی دیر کے بعد دونوں عورتیں ہنستی مسکراتی پائی گئیں۔ پہلے پہل ڈرتے ڈرتے زینت گھر سے باہر مارکیٹس تک ان کے ساتھ چلی، پھر آگے بڑھ گئی۔ دراصل وہ فطری طور پر نہ تو روبوٹ تھی نہ "لاکر" یوں شہر ممنوعہ کے متعدد دروازے کھلنے لگے۔ کسینو، کافی ہاؤس، سوانا باتھ اور کبھی کبھی دیر رات گئے بار روم بھی۔۔۔ اندر سے جہانِ نو تھے۔۔۔ الف لیلوی دنیائیں زینت کے تصور سے بڑھ کر دلنشیں، دلدار و دلنواز رنگینی لیے۔ اک اندر سبھا تھی جو مردے کو زندہ کرتی، سانسیں بخشتی۔

مرنے سے پہلے زینت کی، مرتے رہنے کی پریکٹس چھوٹ گئی۔ وہ جینے لگی۔ شوفی سڑک کے کنارے رُکی کھڑی حیات نو تھی جو انگلی تھام کر لے گئی۔ زینت دہری زندگی جینا سیکھ گئی۔ روتی بسورتی چپ چاپ جامد موت کے انتظار میں جاپ جپتی، اللہ اللہ کرتی، بے بس محتاج اک چیز جیسی زندگی اور قہقہے لگاتی، قدم قدم دھڑکتی، صرف مدھر تا سے آشنا مسکراتی زندگی۔ کیا جادو تھا جو دھیمے سروں میں راگ چھیڑ کر رگ رگ اور سانس سانس میں پھیل گیا۔

"واؤ۔۔۔۔ و۔۔۔۔ و۔۔۔۔! شوفی آئس بیئر کے ایک گلاس ہی میں کھلتی، مہکتی گلاب بننے لگتی تھی۔

"زونی۔۔۔۔!" اس نے سرسراتی سرگوشی سے اسے پکارا۔۔۔۔

"اگر۔۔۔۔ اگر تم ایک بار یہ تجربہ کر سکو۔ افوہ۔ ہ۔۔۔۔ ہ! تو دنیا پھر ایسی نہیں ہو گی جیسے اب تم اُدھر سے دیکھ رہی ہو۔۔۔۔" شوفی نے انگلی زونی کی پشت پر گھمائی اور مزید گویا ہوئی: یہ اِدھر۔۔۔۔ " آئس بیئر کی ٹھنڈک اس کے گال کو چھو رہی تھی۔ "یہاں اس کے ساتھ صورتیں وہ نہیں رہتیں، ویسے چہرے، گلیاں، عمارتیں، روشنی نہیں، سب کچھ اور ہے، بجھی بجھی راکھ روپہلی چاندنی جیسی کھلتی، چمکتی افشاں بن کر پہلے آنکھ میں تو پھر دل میں بجھ جاتی۔۔۔۔ سب بدل جاتا ہے۔۔۔۔ سب۔۔۔۔ لو۔۔۔۔ چکھو۔۔۔۔ سب بدل جائے گا۔۔۔۔!

"نہیں۔۔۔۔" زونی نے انکار میں سر ہلایا۔ " بیئر یا الکحل نہیں۔۔۔۔ اس لیے نہیں کہ کوئی اخلاقی رکاوٹ یا کوئی پارسائی کا بندھن جکڑے ہوئے ہے۔ بس میرا معدہ ہی کم ظرف ہے۔ بچپن سے اس نے ہر لذت اور مزے کے ذائقے کو میری زندگی سے خارج کر ڈالا ہے۔ ہر اچھی شئے کا چٹخارہ حرام ہے مجھ پر اور اب تو خیر زندگی ہی چھِننی جانے والی ہے۔"

"نا۔۔۔۔ ابھی نہیں۔۔۔۔" شوفی نے نیم وا آنکھوں سے قدرے لہرا کر انگلی کو ہوا میں گھمایا۔۔۔۔ "ابھی نہیں۔۔۔۔ آخری سانس تک نہیں۔۔۔۔"

"اس آخری سانس تک کہ جو تمھیں زندہ ہونے کا احساس دے سکتا ہے۔۔۔۔ تب تک نہیں۔" اوزانٹ نے سمجھانے کے انداز میں بتایا۔

ہسپتال میں گزرے یہ تیس دن، اذیت کے تیس لمبے لمبے دلدلی غار تھے جہاں وہ

دھنستی جا رہی تھی۔ پھر آہستہ آہستہ وہ بھیانک گرفت ڈھیلی پڑنے لگی۔ رفتہ رفتہ سب بحال ہوتا چلا گیا۔ تین روز قبل اس کے ٹانکے کھل گئے تھے۔

"آپ چاہیں تو اس ویک اینڈ پر یعنی کل بھی گھر جا سکتی ہیں۔ لیکن پھر منڈے کو آپ کو چیک اپ ہمارے بڑے سرجن سے نہیں ہو سکے گا کیوں کہ وہ آؤٹ ڈور پیشنٹ نہیں دیکھتے۔" صبح ہی معمول کے مطابق معائنے پر آنے والے ڈاکٹر نے اسے خوشخبری سنا دی تھی۔ جاتے جاتے اس کے ہمراہ آنے والے چھوٹے ڈاکٹروں میں سے ایک نے مزید بتایا:

"آپ شام تک فیصلہ کر لیں کیوں کہ ہمیں ڈسچارج لیٹر بنانا ہو گا۔ ورنہ پھر منڈے کو بنے گا۔"

"کل ہی۔۔۔؟" زینت خوشی سے کھل اُٹھی۔ "میں کل ہی چلی جاؤں گی۔"

یہ کیسے ہو سکتا ہے کہ جیل جیسے ہسپتال سے رہائی ملنے کا امکاں بنے اور اسے کوئی رد کر دے! شام کے وقت، اسلم کے ساتھ شہزاد، سمیعہ اور بیٹیوں کو بھی آنا تھا۔ "میں ان کے آتے ہی انھیں یہ خبر سناؤں گی۔"

زینت کی خوشی کسی مفرح ٹانک کی طرح رگوں میں دوڑتی، توانائی فراہم کرتی تھی۔ لیکن وہ چاروں شام سے پہلے دو پہر ہی کو آ گئیں۔۔۔۔ شوفی، کھٹیا، اوزانٹ اور گبریلا۔ زینت بالکل بچی سی دکھنے لگی۔ سب لفٹ سے نیچے لان پر آ گئیں۔ چاروں جانب پھولوں کا حاشیہ تھا اور ہوا، ان میں پرفیومری ورکس بنا رہی تھی جو پہلے کبھی زونی نے نہ سونگھا تھا۔

"پتا ہے، مجھے کل ہی چھٹی مل سکتی ہے۔" اس نے گرمائی تعطیلات شروع ہونے والے احساس کے ساتھ انھیں بتایا۔

"کیا واقعی اسی ویک اینڈ پر؟" چاروں مسرور ہو گئیں۔ پھر آنکھوں ہی آنکھوں میں ایک دوسرے کو اشارہ کیا۔

"جانتی ہو؟" شوفی نے لب کھولے۔ "آج کل سٹی فیسٹول چل رہا ہے۔ کل آخری ویک اینڈ ہے۔ ہم نے تمھیں پہلے اس لیے نہیں بتایا تھا کہ ہسپتال میں یہ سب سن کر تمھارا دل برا ہو گا۔"

"مگر اب تو سب ساتھ چلیں گے، بس تھوڑی دیر کے لیے جب تک تم چاہو گی۔" کھٹیا نے کہا۔

"کتنا مزہ آئے گا، ہے نا۔۔۔" گبریلا نے سر ہلایا پھر شوفی سے کہنے لگی۔ "بتا دیں!"

"چلو بتا دو۔۔۔ مجھے پتا ہے، تم سے اور رہا نہیں جائے گا۔" اوزانٹ نے ہونٹ سکوڑے۔ تب شوفی بھی ترنگ میں آگئی اور ہولے ہولے بادِ نسیم کی سی سرگوشی میں سنانے لگی:

"جانتی ہو، اگلے مہینے ہم نے سب کے لیے دو ہفتے کا ٹور بک کروایا ہے ترکی کا۔۔۔ تمھاری صحت یابی پر سرپرائز گفٹ۔" جملے کے اختتام تک پانچویں اس پُراسرار فسوں کی لپیٹ میں جا چکی تھیں جو کسی میجک شو میں ہر ننھے بچے کے دل میں اپنی جگہ بنا لیتا ہے اور وہ کامل از خود رفتگی کے عالم میں ان دیکھے جزیروں کے ساحلوں پر بیٹھا جادوگر کے خالی ہیٹ کو تکتا رہتا ہے۔ پل بھر کے بعد جہاں خرگوشوں کا جوڑا، پھڑکتا، کبوتر، کھلتا گلاب کچھ بھی، کچھ بھی، اچانک نکل آئے گا اور ششدر کر دے گا۔

"ہم ساحل سمندر پر ریت کے گھر بنائیں گے۔" سب سے پہلے کھٹیا نے اپنا جاگتا خواب ان کے آگے کھولا۔۔۔ "صبح کا سورج پانی سے اُگتا دیکھیں گے۔"

"اور پھر اُٹھ کر اپنے اپنے راستوں کو چل دیں گے۔"

سب ہنسنے لگیں، خواب بننے لگیں۔۔۔ کیف و مستی میں ڈوبے دلنشیں مگر بے

ضرر خواب، بونس لمحوں کے بونس خواب۔

"بس تم کل گھر آ جاؤ! پھر سٹی فیسٹول چلتی ہیں۔ اسے بھی انجوائے کریں گے اور اگلا پروگرام بھی وہیں پر بنالیں گے۔"

"گڈ۔۔۔" گبریلا اُٹھ کھڑی ہوئی۔۔۔ "تم بیٹھے بیٹھے تھک گئ ہو گی، چلو واپس کمرے میں چلتے ہیں۔" چاروں اُسے چھوڑ کر رخصت ہونے لگیں تو شوفی کو کچھ یاد آ گیا:

"زونی۔۔۔" وہ مُڑی اور اس کے کندھے پر ہاتھ رکھ کر بولی۔ "تمھارے سارے لباس میں نے ڈرائی کلین کے لیے دے دیے تھے۔ کل کے لیے ارجنٹ کون سا والا نکلوا لوں۔۔۔ گلابی نا! بڑے گھیرے والا سکرٹ۔"

"ہوں۔۔۔ں۔۔۔" زونی نے کچھ کھسیانی، کچھ خوشی ملی مسکراہٹ سے اثبات میں سُر کو جنبش دی۔

"دیکھا۔۔۔ مجھے پتا تھا۔۔۔!" شگفتہ نے بزرگوں کے انداز میں اس کے سر پر نرم تھپکی دی اور وہ چلی گئیں۔ شام کو اس کے بچے اور شوہر بھی آ گئے۔ بیٹا ایک خود کار روبوٹ کے مانند اپنی ذمے داری نباہنے اس کی طرف کم اور بیوی بچوں کی طرف زیادہ متوجہ۔۔۔ سمیعہ اس کی بہو، نک سُک سے لدی پھندی، شباب و زندگی کے سارے لوازمات پر اپنا مکمل حق رکھتی ہوئی، اتراہٹ سے بھری۔۔۔ جو اسے ہر آن "اجازت" کا سرٹیفیکٹ عطا کرتے تھے۔ اسلم، وہی مشرقی روایتی شوہر، گھر میں تھکا ہارا بیزار اُکتایا ہوا جو بیوی کے لیے غصہ اور دوستوں کے لیے ہنسی مذاق، لطیفے، خوش گپیاں، گفتگو اور دلچسپیاں رکھتے ہیں۔ ایک بار سرسری سا حال پوچھ کر الگ تھلگ جا بیٹھا۔ زونی کو یکبارگی حیرانی اور رنج نے آلیا۔ پھر وہ ماحول تبدیل کر دینے کی خاطر ان سے خوشخبری شیئر کرنے لگی۔

"مجھے ۔۔۔۔ کل چھٹی مل جائے گی۔" واقعہ اس نے دیکھا کہ سب چہرے دمک اٹھے تھے۔

"ارے واقعی ماما، پھر تو بہت ہی اچھا ہو گا! کیوں شہزادے۔۔۔۔؟" اس کی بہو سمیعہ بولی تو زونی نے مسرت اور تعجب ملے احساس سے اسے دیکھ کر سوچا کہ یہ لوگ مجھے کتنا چاہتے ہیں، اور میں ہوں کہ۔۔۔۔ پھر اس نے سنا:

"دراصل سنڈے کو ہم اپنی اور راحیل بھائی اپنی "اینی ورسری" ایک ساتھ منا رہے ہیں۔ مما کے ہاں ان کا بڑا لان اور بڑا ہاؤس ہے۔ گرل پارٹی میں بچے تنگ نہ کریں۔ چلو اندر ماما آرام کرتی رہیں گی اور بچوں کی نگرانی بھی ہو جائے گی۔ راحیل کا اور اس کی سالی کا بے بی بہت چھوٹا ہے، ان کی اتنی ساری چیزیں۔ ہمارے اپنے بچوں کا سامان۔"

وہ پتا نہیں، کیا کیا پروگرام بناتے اور کیا کیا کہتے سنتے رہے۔ زینت نے پھر کچھ نہیں سنا۔ وہ کب چلے گئے اسے پتا ہی نہیں چل پایا۔ اس پر ٹھنڈی اوس برابر گرے جا رہی تھی، جہاں پر ایک بڑے سے ہاؤس کا ایک چھوٹا سا کمرہ تھا۔ اور وہ کسی کاؤچ یا صوفے پر ماری بندھی پڑی تھی۔۔۔۔ مجبور، خاموش! اردگرد بچوں کی پرامز، ان کی ماؤں کے بیگ۔ قریب کہیں کسی پالنے میں سو رہے ننھے بچے ان کے استعمال کی بیسویں چیزیں، بار بار آکر رکھتی اٹھاتی اٹھلاتی نوجوان عورتیں، اپنے ساتھیوں سے چہلوں میں لگیں، اسے یوں نظر انداز کرتی ہوئیں گویا وہ بھی اک بے جان چیز ہے، اس کے کمرے میں رکھی دیگر چیزوں جیسی چیز۔ کبھی کبھی کوئی اسے دیکھ پہچانے بنا اک لفظ تشکر اُچھال دیتی:

"تھینک یو آنٹی، یہ بے بی کا فیڈر رکھ لیں۔ سنی کا بسکٹ کا ڈبا۔ ڈولی کا فیریکس۔ پنکی کے نیپز۔

"آنٹی یہ میرا کورٹ اِدھر رکھا ہے، یہ ڈارک براؤن۔ وہ چھتری ہماری ہے، بے بی

کی پرام کے پاس۔"

"نانو، میری ماما کدھر ہیں؟"اک "لاکر" اک "فریزر" اک میز کرسی، کاٹ پرام کچھ بھی۔ مگر ان میں زینت کہیں نہیں۔ اس کی موجودگی، اس کی شخصیت ہو کر بھی نہیں۔

۔۔۔۔ گہرے گہرے مہیب سائے انجانی سمتوں سے اس کی طرف بڑھتے آنے لگے اور وہ ان میں ڈوبتی کھوتی چلی جانے لگی۔ پھر وہی موت کے انتظار کا کیو۔ وہی کھلی ہوئی مگر بند جیسی خالی ویران ڈگر ڈگر کرتی آنکھیں۔۔۔۔ چاروں جانب بے چینی سے گھوم کر واپس اپنی وحشتوں سے نبرد آزما تنہائی سے اپنے فالتوپن، اپنے بیکارپن سے اپنے نہ ہونے کے صفر میں تڑپ تڑپ کر لوٹتی ہوئی۔۔۔۔ وہاں جہاں کچھ نہ تھا، بھیانک تنہائی اور غراتے بھاگتے چلے آتے مہیب اندھیرے۔۔۔۔

۔۔۔۔ بس کبھی کبھی لب کھول کر سب کو دعائیں بخش دو۔۔۔۔ "جیتے رہو، خوش رہو!"

وہ دعائیں جن میں بڈھوں کا کوئی حصہ نہیں رہ جاتا۔۔۔۔ نہ جینے میں نہ خوش ہونے میں! اسی گہری شام کے گہرے سایوں میں سٹیشن انچارج نے سوال کیا:

"آپ کل گھر جارہی ہیں؟"

"نہیں۔۔۔۔" زینت سنجیدہ اور حتمی لہجے میں بولی۔ "میں بڑے سرجن سے معائنہ کراؤں گی منڈے کو۔" لیکن در اصل وہ اپنی سرجری کے بعد ملنے والی نئی زندگی کا استقبال تاریک سوچوں کے دائرے بنتے اور اسے اپنی ان دیکھی لپیٹ میں آکٹوپس بن کر جکڑتے خیالوں یا چپ کی اندھی کھائی جیسے منجمد ماحول سے نہیں کرنا چاہتی تھی۔ شہزاد اور سمیعہ کی اینی ورسری چھوڑ کر اس کے لیے ہرگز سٹی فیسٹول جانا ممکن نہیں ہوسکے گا۔

وہ گلابی، بڑے گھیرے والا سکرٹ اور شرمیلی مگر دل سے ہنستی ہنسی کی پھوار ویسے ہی ان چھوئے رہ جائیں گے، لیکن ان سے ذرا پیچھے ان کے عقب میں اک دلدار تبسم ہاتھ ہلاتا تھا۔

زینت نے تاریک سائے ہٹا کر بڑھتی چلی آ رہی کالی رات کو پیچھے دھکیل دیا۔ وہ اُدھر اس پار دیکھ رہی تھی جدھر اگلے مہینے ترکی کے ٹور کا بورڈ لگا تھا اور نیون سائن کی رنگ برنگی روشنیوں جیسی ہنسی ہنستا تھا، اپنا زندہ گرم حرارت سے بھرپور ہاتھ بڑھا کر زینت کا ہاتھ تھامنے کا منتظر تھا۔ وہاں اس بورڈ تلے رات سیاہ کالی نہیں تھی۔ وہ خوشنما سبز رات زینت نے تھام لی اور آرام سے ہسپتال کے بیڈ پر ویک اینڈ گزارنے کو دراز ہو گئی۔

***

ناک

نفرت و محبت دونوں سینے کی گہری تہوں میں نیچے ہی نیچے برہنہ مگر بے چہرہ چھپی رہتی ہیں۔ اوپری سطح پر مصلحت کے خوش رنگ کنول، دریافت کے کانٹے کو اندر کی تہہ تک اترنے کا راستہ ہی نہیں دیتے کہ معلوم ہو سکے ان نچلے تہہ دار پانیوں کا رنگ کیسا ہے۔ تا وقت یہ کہ ایک مخصوص وقت میں غوطہ خوری کے اسباب مہیا نہ ہوں۔ جو اس روز اچانک ہو گئے۔۔۔ جب وہ دونوں بہت دیر سے گاڑی میں گھوم رہی تھیں۔

"یہ تم کیا کر رہی ہو؟"

افشیں نے چوتھی بار فرح کو ایک ہی راستے پر گاڑی بڑھاتے دیکھ کر بے زاری سے استفسار کیا۔

"مجھے کتاب واپس کرنا ہے بھئی۔۔۔ بس پانچ منٹ کا کام ہے۔۔۔ جانا آنا سمجھو۔۔۔"

فرح کی نگاہیں فرینکفرسٹ کی مرکزی لائبریری کی اونچی عمارت پر مرکوز تھیں۔ اسے توقع تھی کہ ضرور کوئی نہ کوئی گاڑی اطراف کی سڑکوں سے نکلے گی اور وہ وہاں چند منٹ کے لیے اپنے گاڑی ٹھہرا سکے گی۔۔۔ افشیں نے کلائی اٹھا کر گھڑی پر وقت دیکھا۔۔۔

"پچیس منٹ ہو گئے ہیں کوچہ گردی کرتے کرتے۔۔۔ کیا یہ بہتر نہ ہوتا کہ تم پارک ہاؤس چلی جاتیں۔"

"پارک ہاؤس۔" فرح نے نفی میں سر کو جنبش دی۔۔۔۔ تم اِدھر پہلی بار آئی ہو، اس لیے نہیں جانتیں۔ پارک ہاؤس سے آنے میں ہی دس منٹ لگ جائیں گے اور خرچہ الگ ہو گا۔۔۔۔ جب کہ کام تو پانچ منٹ کا بھی نہیں۔۔۔۔" پھر یکایک ایک نئے خیال نے اس کے ذہن میں جگہ بنائی۔۔۔۔

"ارے ہاں۔۔۔۔ اتنی دیر سے میں یہاں مین روڈ پر گھوم رہی ہوں اور پچھلی سڑک کا خیال ہی نہیں آیا۔۔۔۔"

سٹیرنگ وہیل گھما کر وہ گاڑی کو موڑتے ہوئے عقبی جانب چلی آئی۔ کونے پر چند برس قبل ایک نئی طرز کا جدید پر تعیش "ہارٹ سینٹر" تعمیر ہوا تھا۔ موڑ کاٹتے ہی گاڑیوں کا ہجوم نہ ہونے کے برابر رہ گیا تھا۔ رہائشی افراد ہی کی گاڑیاں زیادہ تر سڑکوں پر پارک کی گئی تھیں۔ یہ علاقہ کشادہ مثلث نما تھا۔ جو شام کے رات کے تبدیل ہوتے وقت زیادہ تر ویران نظر آرہا تھا۔ فرح نے عجلت میں گاڑی ایک خالی جگہ پر لگائی اور ذیلی راستے سے لائبریری کی جانب نکلتے ہوئے مڑ کر افشیں کو دیکھا۔ جو اس کے ساتھ بڑھنے کی بجائے وہیں گاڑی کا دروازہ بند کر کے رکی کھڑی ایک ٹک کہیں متوجہ تھی۔

"افشیں۔۔۔۔!" فرح نے اسے آواز دی۔ جلدی آؤ۔ ہمیں پہلے ہی دیر ہو چکی ہے۔" تب وہ مرے مرے قدموں سے قریب آتے آتے ایک طرف اشارہ کرتے ہوئے بولی۔

"یہ۔۔۔۔ یہ۔۔۔۔ یہ۔۔۔۔ کیا ہے؟"

فرح نے اس کی نظر کا تعاقب کیا اور پھر سر جھکاتے ہوئے دوبارہ اپنے راستے پر قدم اٹھانے لگی۔۔۔۔

گہری شام میں مثلث نما علاقے کے اس دوسرے کونے پر شیشے کی اک دیوار عقب میں گھوم گئی تھی۔ اور اس وسیع شوروم کی دیوار کے پیچھے طاقتور لال قمقموں تلے عورتیں سجی تھیں۔۔۔۔ اونچے سٹولوں پر چینی نژاد، سیاہ فام، سفید چکنی جلد والی عورتیں۔ جن کے بالائی دھڑ برہنہ تھے۔۔۔۔

"یہ ریڈ لائٹ ایریا ہے۔۔۔۔" فرح شکستہ لہجے میں بولی۔ "عورتوں کا پرانا کاروبار ۔۔۔۔ جرمنی میں تو یہ بطور "جاب" کے رجسٹرڈ ہے۔"

"تب ۔۔۔۔ تت ۔۔۔۔ تم پہلے بھی یہ جگہیں دیکھ چکی ہو۔۔۔۔؟" افشیں نے ابتدائی دھچکے پر قابو حاصل کر لیا تھا۔

"ہاں ۔۔۔۔" فرح نے اثبات میں سر ہلایا۔۔۔۔ ہر شریف عورت کی طرح مجھے بھی کراہت اور گھن کا ایسا ہی جھٹکا لگا تھا۔۔۔۔"

"تو تم انھیں پہلے سے جانتی ہو۔۔۔۔؟"

"ہاں اس وقت سے جب یونیورسٹی میں میرے ساتھ پڑھنے والی ایک لڑکی نے مجھے بتایا کہ وہ چھٹیوں میں پارٹ ٹائم جاب کرتی تھی۔۔۔۔ جانتی ہو وہ جاب کیا تھا۔۔۔۔؟"

"یہاں آتی ہو گی۔۔۔۔"

"ہاں ۔۔۔۔ یہی جاب تھا اس کا پتہ ہے، اس انکشاف کے ساتھ ہی وہ مانوس اور جانی پہچانی لڑکی یکایک میرے لیے ایسی مخلوق ہو گئی جس سے ناقابل برداشت سڑانڈ اٹھ رہی ہو۔۔۔۔ مجھے اپنے اس ہاتھ سے گھن آنے لگی جو اس لڑکی نے تھام رکھا تھا۔۔۔۔ اگر وہ فوراً ہی چھوڑ نہ دیتی تو شاید مجھے قے ہو جاتی۔ "اس قسم" کے ہر شخص سے مجھے گھن آتی ہے۔۔۔۔"

واپسی پر دونوں کے سر جھکے ہوئے تھے۔ خاموشی سے گاڑی نکال کر مثلث نما سے

جاتے جاتے افشیں نے مدھم سی سر گوشی کی۔۔۔۔

"کالی اپنی جگہ سے غائب ہے۔۔۔۔"

"تمہارے اندر کسی تماش بین کی سی آنکھ ہے۔۔۔۔" فرح دھیرے سے مسکرائی۔۔۔۔ حالاں کہ یہ تو مردوں کا خمیر ہوا کرتا ہے۔۔۔۔"

"دراصل پہلا تاثر ہے نا" افشیں کی آواز میں اداسی اور بے چارگی کا امتزاج پایا جاتا تھا" سنسنی خیز کہہ لو یا لرزہ خیز۔۔۔۔"

گاڑی ہارٹ سینٹر کی قرمزی رنگت والی عمارت کے سگنل پر رک گئی۔ افشیں نے ایک نظر عقب میں ڈالی۔

"ویسے یہ ہارٹ سینٹر بنانے والے جو کوئی بھی ہوں گے، ستم ظریف بلا کے ہیں۔ کیسا علاقہ منتخب کیا ہے۔ ادھر اُدھر کے دونوں کونے دل کے بہلانے کی خاطر مخصوص ہیں۔۔۔۔"

گاڑی مرکزی شاہراہ سے عظیم اوپر اہاؤس پر نکل کر فرنکفرٹ ریلوے اسٹیشن کی جانب بڑھنے لگی۔ کائزر سڑاسے پر اسی طرح سے ایشیائیوں کا ہجوم تھا۔۔۔۔ ساڑھیوں اور برقعوں میں ملبوس خواتین۔۔۔۔ زیورات، مٹھائی اور گروسری کی دوکانوں میں اندر باہر آتی جاتی تھیں۔۔۔۔ سڑک پر بتی سرخ ہو گئی تھی۔ لوگ تیزی سے زیبرا کراسنگ عبور کرنے لگے۔ ان ہی میں سے بجلی کی طرح کوند کر ایک چہرہ نگاہ میں لہرایا۔۔۔۔ بہت مدھم اور مریل سر گوشی میں افشیں نے سر موڑ کر فرح دیکھتے ہوئے کہا۔

"پرویز ہے نا یہ۔۔۔۔"

یوں جیسے خود کو مخاطب کر رہی ہو۔"

"ہو۔۔۔۔ں۔۔۔۔"

اس سے بھی زیادہ مرے مرے لہجے میں فرح نے تائید کی۔۔۔ اشارہ سبز ہوتے ہی وہ تیزی سے گاڑی بڑھا کر نکلتی چلی گئی۔۔۔

یونیورسٹی ہال میں اس شام رقص و موسیقی کا ایک پروگرام منعقد ہو رہا تھا۔۔۔ دونوں اپنے ٹکٹ دکھا کر اندر آگئیں اور نشستوں کے نمبر ڈھونڈنے لگیں۔

دائیں ہاتھ والی قطار میں تیسرے نمبر پر ویز بیٹھا ہے۔ مڑ کر نہ دیکھنا۔۔۔"

افشیں نے فرح کے کان میں جھک کر اطلاع بہم پہنچائی۔

"تمھارے اندر چھٹی حس کی جگہ شاید کیمرہ لگا ہوا ہے۔۔۔"

فرح کی آواز میں بدمزگی کا عنصر نمایاں تھا" جو ہر وقت "زوم" کیئے رہتا ہے۔۔۔" وہاں تم نے اتنی دور سے دیکھ لیا کہ کالی لگ گئی ہے۔۔۔ سگنل پر لوگوں کی بھیڑ میں تمھیں پرویز نظر آگیا۔۔۔ اور یہاں پھر سے آتے ہی اسے ڈھونڈ نکالا۔

"میری آنکھوں کے دونوں کیمروں میں تجسس کے طاقتور لینسز لگے ہیں۔۔۔"

"اچھا اب چپ چاپ بیٹھ جاؤ۔۔۔ وہ دیکھو سیما کپور ہار مونیم سنبھال چکی ہے۔۔۔"

"یہ وہی سیما کپور ہے نا جسے تم گھر پر لائی تھیں۔۔۔ کھانے پر بلوایا تھا شاید۔۔۔ میں ان دنوں پاکستان گئی ہوئی تھی۔۔۔"

"میں نے نہیں اسے پرویز نے انوائٹ کیا تھا ڈنر پر۔۔۔ اور بس خبر دار اگر ایک لفظ بھی اب منہ سے نکالا تو۔۔۔ لوگ ہمیں گھورنے لگے ہیں۔۔۔"

رقص و سنگیت ختم ہوتے ہوتے رات کے دو بج گئے۔۔۔ فرح نے ڈرائیونگ نشست اب افشیں کو سونپ دی تھی۔۔۔ یہ کہتے ہوئے۔۔۔

"تم نے مجھے شوفر سمجھ رکھا ہے۔۔۔ اور خود مزے سے بیٹھی ہو۔۔۔"

وہ براما نے بغیر ادھر چلی آئی۔

"لو میں بن جاتی ہوں شوفر۔۔۔ لیکن میرے جینز میں گیت سنگیت سے لطف اندوز ہونے کا ذوق شوق نہیں پایا جاتا۔۔۔ یہ تو تمھارا اور پرویز کا مشترکہ مشغلہ تھا۔۔۔"

فرح نے اس بات پر کوئی تبصرہ یا ردِ عمل ظاہر نہیں کیا۔۔۔ بدستور نشست کی پشت سے ٹیک لگائے آنکھیں موندے بیٹھی رہی۔۔۔

"اے کیا سو گئیں۔۔۔" افشیں بلند آواز میں پکاری "خبردار ڈرائیور کے ساتھی کو سونا منع ہے۔۔۔"

"تو میں کب سو رہی ہوں۔۔۔ مسلسل تمھاری بک بک سنے جا رہی ہوں۔۔۔"

"بک بک۔۔۔ بہت اچھے۔۔۔ میری باتیں بک بک لگتی ہیں۔ ٹھیک ہے میں نے تو پہلے ہی اعتراف کر لیا ہے کہ یہ موسیقی وغیرہ کا ذوق مجھ میں نہیں۔۔۔ پرویز تمھارا ساتھ دے سکتا تھا ان مشاغل میں۔۔۔"

بات بڑھانے سے پہلے وہ تذبذب میں مبتلا رہی۔ آخر کار بول اُٹھی۔۔۔

"سنو آج یہ راز بھی بتا ہی دو کہ تم نے پرویز سے منگنی کیوں توڑ ڈالی۔۔۔"

فرح نشست پر سیدھی ہو کر بیٹھ گئی۔۔۔ اسے یوں لگا کہ دونوں ایک دوسرے کو محسوس کر سکتی ہیں۔ ماحول نے ان پر اپنی مخصوص گرفت واضح کر دی تھی۔

"جاننا چاہتی ہو۔۔۔" وہ سنجیدہ آواز میں افشیں سے مخاطب ہوئی "تو سنو۔۔۔ کیوں کہ آج تم اسے سمجھ بھی سکو گی۔۔۔۔"

فرح کی آنکھیں اندرونی آتشیں طیش سے گہری سرخ دکھائی دیں۔

"اس سنگیت کے ذوق اور اسی گلوکارہ کی وجہ سے میں نے منگنی توڑ دی۔۔۔"

"کیا مطلب۔۔۔؟"

افشیں کچھ نہ سمجھتے ہوئے بولی۔۔۔ "پرویز موسیقی کا رسیا ہے۔۔۔ تمھیں معلوم ہی تھا۔۔۔ تھوڑا بہت تماش بین قسم کا مرد ہے۔۔۔ یہ بھی تم جانتی تھیں۔۔۔ اور سچ پوچھو تو ہر مرد تھوڑا بہت تماش بین تو ہوتا ہی ہے۔۔۔"

"اس رات ہم اس کی محفل سے لوٹ رہے تھے۔۔۔" فرح نے جیسے افشیں کی کوئی بات سمجھی یا سنی ہی نہ تھی۔ وہ اپنے اندر کے تہہ دار پانیوں میں اتر چکی تھی۔۔۔ اور اسی غوطہ خوری کے عالم میں بولتی چلی گئی۔۔۔

"اس روز میں نے واپسی پر گاڑی میں سیما کپور کی باتیں شروع کر دیں۔۔۔ اس کی شخصیت اور گائیکی کی تعریف کرنے لگی تو جانتی ہو پرویز نے کیا کہا۔۔۔؟"

"کیا۔۔۔؟"

"خالص بے دھیانی کے عالم میں کہنے لگا۔۔۔ چھوڑ و یار۔۔۔ گندی عورت ہے۔۔۔ بستر پر لیٹے لیٹے رات کو چادر سے ناک صاف کر لیتی ہے۔۔۔۔۔۔"

***

حلال نشہ

ارشد کو وطن چھوڑے کوئی خاص عرصہ نہیں ہوا تھا۔ مغربی ماحول اس کے لیے نیا تھا۔ یہ زندگی ڈسپلن، سہولتیں، قاعدے، قرینے اور خاموش قسم کا باادب باملاحظہ طرز والا ماحول اسے اندر سے سہما سہما جاتا۔ وہ گاؤں کا باشندہ تھا۔ کھلی، آزاد فضاؤں کا پنچھی۔ جہاز سے باہر قدم رکھتے ہی اسے یوں محسوس ہوا تھا کہ اس کا بیتا ہوا بچپن یک دم پھر سے لوٹ آیا ہے اور سہم کر اس کے سینے میں خاموشی سے بیٹھ گیا ہے۔

چچیرے بھائی صابر الٰہی کے ہاں قیام کے دوران ڈرا ہوا، خوف زدہ بچہ اپنی گھبراہٹ ترک کرنے پر قطعاً آمادہ نہیں ہوتا تھا۔ ارشد اسے لاکھ سمجھاتا، پچکارتا اور مناتا رہتا۔ لیکن جہاں کوئی معمولی سی خلافِ معمول جنبش ہوئی نہیں کہ وہ بدک کر جست لگاتے ہوئے اس کے سینے میں پہنچتا اور خوف کی سیڑھی کے پائیدان پر چڑھ بیٹھتا۔ ارشد گھبرا کر ہمیشہ اس بچے کو رام کرنے میں لگ جاتا تھا۔

اس روز انھیں صابر کے والد حشمت الٰہی کی عیادت کے لیے ہسپتال جانا تھا۔ ان کا ہرنیا کا آپریشن ہوا تھا۔ وزٹنگ ٹائم میں صابر نے ارشد کو ساتھ لے کر ہسپتال کا رخ کیا۔ چمکیلے فرش والے اجلے برآمدے میں قدم بڑھاتے ارشد کو واضح طور سے محسوس ہو رہا تھا کہ ایک جوان العمر ارشد کے بجائے صابر کی ہمراہی میں وہی خوف زدہ ننھا پینڈو بچہ چلا جا رہا ہے۔ ان کے گاؤں میں مریض کے ساتھ سارا پنڈ اٹھ کر چل دیتا تھا۔ مریض اپنی چارپائی پر شفا خانے کے برآمدے یا احاطے میں لگے کسی گھنے درخت کے سائے میں لیٹا

رہتا۔ ارد گرد دیکھوں کے علاوہ گاؤں والے، عزیز و اقارب اور دوست احباب بھی بھٹکتے پھرتے۔ یہ سوکت، نہ اطمینان و تسلی کا عنصر، نہ توجہ اور نہ علاج معالجے کے آثار۔ بس اللہ کے آسرے پر پڑھے ہیں سو پڑے ہیں۔ دوپہر ڈھل گئی اور باری نہ لگ سکی تو بات اگلے دن پر ٹل گئی سمجھو اور کھانے پینے کے فکر میں اٹھ کر چل نکلو۔ پر یہ پتا نہیں کیسا شفا خانہ تھا۔ براق، چمکیلا، خاموش اور بارعب۔

ارشد کو لگا کہ وہ کوئی خواب دیکھ رہا ہے یا پھر کوئی فلم جہاں اک پر اسرار سکوت دکھایا جارہا ہے جو کسی حیرت انگیز منظر کے انکشاف کا ابتدائیہ ہے۔ ابھی تیز میوزک بج اٹھے گا اور اصل انکشاف روبرو لایا جائے گا۔ دونوں شاید ماحول کے سکوت میں گم خاموشی کی انگلی تھامے ہوئے تھے۔ اور شاید درپردہ کسی میوزک ہی کے منتظر تھے کہ یکایک قریبی لفٹ کا دروازہ غڑاپ سے کھل گیا اور ایک عجیب سی موسیقی برآمد ہو کر فضاؤں میں گھلنے لگی مگر وہ منظر ابھی سامنے نہیں آیا تھا۔

ابھی دونوں بے آواز اور آہستہ قدموں کے ساتھ بڑھ رہے تھے ایک طویل کاریڈور میں جس کا چمکیلا فرش آئینے کی سی آب و تاب لیے تھا۔ کاریڈور کے ایک طرف فراخ فرانسیسی طرز کے کشادہ دریچے اور ان کی سلوں پر تازہ گل دستوں اور انڈور پودوں کی دلنواز مہک تھی تو دوسری جانب مریضوں کے کمروں میں کھلنے والے دروازوں کا سلسلہ تھا۔ ارشد نے چور نظروں سے ہر سمت دیکھا۔

"صابر۔۔۔۔ یہاں کا فرش۔۔۔۔ کیسا چمکیلا ہے۔ صاف شفاف۔ میں تو پاؤں رکھتے ہوئے بھی ہچکچاتا ہوں۔"

"وہ کیوں۔۔۔۔؟" صابر نے اسے گردن گھما کر دیکھنے کی کوشش کی اور بے نیازی سے شانے جھٹک دے۔

"یہ ان کا فرض ہے کہ ماحول ستھرا رکھیں۔۔۔۔"

"اچھا۔۔۔" ارشد نے بے دھیانی کے ساتھ سر اثبات میں ہلایا۔۔۔ اسے صابر کے جملے کی کوئی خاص سمجھ نہیں آسکی تھی۔ وہ کچھ دیر کے لیے گہری خاموشی میں ڈوب گیا۔ دونوں آگے بڑھتے رہے۔ ارشد نے چلتے چلتے صابر کو ایک نظر دیکھا اور سرگوشی میں پوچھنے لگا۔۔۔

"چچا جان کو گھر جانے کی چھٹی کب ملے گی۔"

"چھٹی۔۔۔" صابر نے دبا داب سا قہقہہ لگایا۔۔۔ "ارے بھئی وہ عیش کر رہے ہیں عیش۔۔۔"

"کیا مطلب۔۔۔؟" ارشد تعجب آمیز نظروں سے صابر کو دیکھنے لگا۔

"تم نرے گھامڑ ہو۔۔۔" صابر نے اسے شانے پر ٹھوکا دیا۔۔۔ "نئے نئے آئے ہو نا۔۔۔ اس لیے ذرا اپنے ارد گرد نگاہ ڈالو۔۔۔" معنی خیز نظروں سے اس نے ماحول کا جائزہ لیا۔۔۔ "کیسی اعلیٰ درجے کی صفائی ہے۔۔۔ سکون، نگہداشت، نظم دیکھ بھال، اوپر سے حسین خدمت گار، عمدہ خوراک۔۔۔ ہم اسے عیش کہتے ہیں عیش۔۔۔

ارشد پھر کچھ نہ سمجھتے ہوئے خاموشی کے خول میں چھپ گیا۔ اسی لمحے قریبی لفٹ کا دروازہ کھلا اور سکوت کے پس منظر کا اگلا منظر روبرو آگیا۔ دونوں رک گئے اور قریبی دیوار سے جا لگے۔ دو میل (Male) نرس ایک بیڈ دھکیلتے ہوئے برآمد ہوئے تھے۔ بیڈ سے لگے اسٹینڈ میں خون، گلوکوز اور الابلا کی بوتلیں لٹکی ہوئی تھیں، جو بستر کے متحرک ہونے کے باعث عجیب طرح کی نوحہ خوانی میں مصروف تھیں۔ بستر کا مریض بے ہوشی کی نیند میں ڈوبا تھا۔ متحرک موسیقی منظر میں اپنا کردار ادا کرتی ہوئی آگے بڑھنے لگی۔ ارشد نے اپنے عقب میں دیوار کو تھام لیا۔

"آپریشن ہوا ہے۔۔۔" ایک خوف زدہ سی سرگوشی اس کے لبوں سے پھوٹی۔۔۔ اور اندر کا سہما سہما بچہ سینے سے جا لگا۔۔۔ پھر وہیں جیسے دل پکڑ کر بیٹھ رہا۔۔۔

صابر نے اطمینان سے اپنی جگہ چھوڑتے ہوئے مریض کے بیڈ کو دور جاتے دیکھا اور اس کی پیروی میں قدم بڑھا کر ارشد سے سوال کیا۔۔۔ "آج کیا دن ہے۔۔۔"؟

"دن۔۔۔" ارشد سوچنے لگا۔۔۔ "پیر ہے۔۔۔"

"بالکل۔۔۔" صابر نے تائید میں سر ہلایا۔ "پیر ہی ہونا چاہیے۔۔۔ در اصل یہاں ہر پیر اور جمعرات کو بکرے کٹتے ہیں۔۔۔"

"بکرے۔۔۔" ارشد نے تعجب سے دہرایا۔ اب وہ دھیمی رفتار سے چلتے ہوئے کوریڈور کے آخری کونے تک پہنچ گئے تھے۔۔۔

"آپریشن بھئی۔۔۔ ہم اسے بکرے کٹنا کہتے ہیں۔۔۔" صابر بیزاری سے بولا۔۔۔ "ابھی ادھر بیٹھیں گے نا۔۔۔ ابا جان کے پاس تو قطار میں بستر آتے جائیں گے۔۔۔

کٹے پھٹے مریضوں کے۔۔۔ پیر اور جمعرات کو سرجن لوگ آپریشن کرتے ہیں۔۔۔ اور بندوں کو کاٹ کاٹ کر ادھر اُدھر ارسال کرتے جاتے ہیں۔۔۔"

"مفت میں۔۔۔" بے ساختہ ارشد کے لبوں سے تعجب خیز لہجے میں ادا ہوا۔۔۔

"اور کیا۔۔۔ ہمارے پاس ادھر یہ جو ہے۔۔۔ کھل جا سم سم۔۔۔" صابر نے بٹوا کھول کر ایک ننھا سا چمکیلا کارڈ نکالا۔۔۔ "یہ ہے علاج معالجے کی چابی۔۔۔ یہاں کی حکومت سب کو یہ چابی عطا کرتی ہے۔۔۔"

دونوں ایک کمرے میں داخل ہو گئے۔ فراخ اور روشن کمرے میں تین مریضوں

کے بستر لگے تھے۔ حشمت الٰہی ان میں سے ایک پر لیٹے تھے اور مسکرانے لگے۔

" یہ کیا ہے بھئی۔۔۔؟ انھوں نے صابر کے ہاتھ میں انشورنس کارڈ کو دیکھ کر پوچھا۔۔۔

"کیا کوئی پرابلم ہوگئی۔۔۔؟"

"نہیں ابا۔۔۔ پرابلم کیسی۔۔۔ یہ تو میں ارشد کو دکھا رہا تھا۔۔۔" صابر نے کارڈ واپس پرس میں رکھ لیا۔۔۔ کہ یہاں پر ہم اسے کھل جا سم سم کہتے ہیں۔۔۔ او علاج کا دروازہ کھل جاتا ہے۔۔۔"

"ہاں بھئی۔۔۔ "حشمت الٰہی افسردہ سے ہو گئے۔۔۔" پرانی بات ہے۔ پر میرے لیے آج بھی ویسی ہی ہے۔۔۔ میرے والد کا انتقال ایک ہسپتال کے برآمدے میں ہو گیا تھا۔۔۔"

"برآمدے میں۔۔۔؟" دونوں لڑکوں نے بیک وقت دہرایا۔ وہ بستر کے قریب موجود نشستوں پر بیٹھ گئے تھے۔۔۔

"ہاں بیٹا۔۔۔ انھیں دل کا دورہ پڑا تھا۔۔۔ ہسپتال میں کوئی بیڈ خالی نہ تھا۔۔۔ ہم نے برآمدے میں ہی انھیں گدّے کے اوپر لٹا دیا۔۔۔ نہ آکسیجن ۔۔۔ نہ دوا دارو۔۔۔ بلکہ ابھی تو متعلقہ ڈاکٹر بھی پہنچ نہ پایا تھا میرے والد نے بڑے بھائی کے ہاتھوں میں دم توڑ دیا۔۔۔ سب گریہ وزاری کرنے لگے پھر وہیں برآمدے ہی سے ان کی میت اٹھا کر گھر لے آئے۔۔۔ جانتے ہو کیا ہوا تھا۔۔۔ ہمارے بعد آنے والے مریض کے لواحقین ہمارے والد کی موت پر مطمئن نظر آئے۔۔۔ کیوں کہ انھیں برآمد میں ہی سہی ایک جگہ تو میسر آگئی تھی۔ بس وقت وقت کی بات ہے۔۔۔ ہمارے پاس کمرے کا دروازہ کھلوانے اور ڈاکٹر کی توجہ حاصل کرنے کو یہ چابی ہی نہیں تھی۔ میرا

مطلب ہے۔۔۔ انشورنس کارڈ۔۔۔"

ہاں ابا۔۔۔" صابر نے اثبات میں سر ہلایا۔۔۔ "اُدھر تو اب بھی کسی کے پاس یہ چابی نہیں ہے۔ کیوں کہ وہاں اس کا رواج ہی نہیں۔۔۔ رواج کی بھی بڑی بات ہوتی ہے۔۔۔ جو ہر ایک کا اپنا اپنا ہوتا ہے۔۔۔ یہاں سب کے لیے یہی رواج ہے۔۔۔ مقامی ہو یا مہاجر۔۔۔ ادھر سب برابر ہیں۔۔۔"

"چاچا۔۔۔!" گھر کب تک آنے کا ارادہ ہے۔۔۔؟" ارشد نے دریافت کیا۔۔۔ "میرا مطلب ہے چھٹی کب دیں گے۔۔۔"

"چھٹی۔۔۔" حشمت الٰہی نے ابھی جواب دینے کو لب کھولے ہی تھے کہ دو نرسیں اندر داخل ہوئیں او بستر چادر تکئے وغیرہ تبدیل کرنے لگیں۔۔۔ حشمت الٰہی بیڈ سے اتر کر کونے میں رکھی کرسی پر جا بیٹھے۔۔۔ اطمینان سے نشست حاصل کرنے کے بعد انھوں نے لڑکوں کو دیکھا اور ہلکا سا قہقہہ لگایا۔ " بھئی چھٹی ہی چھٹی ہے۔۔۔ وہ تو میں روز ہی کوئی شکایت سنانے بیٹھ جاتا ہوں۔۔۔ وہی بڑھاپے کے عوارض۔۔۔ ورنہ ہر نیا کا آپریشن تو معمولی سی بات ہے۔۔۔ دو ایک روز فارغ کر دیتے ہیں۔"

"شکایت۔۔۔" ارشد نے حیرت سے دہرایا اور چچا کو دیکھنے لگا۔۔۔ "آپ گھر کی بجائے یہاں رہنا پسند کرتے ہیں۔۔۔ وہ کیوں کیا منظور بھائی اور نرگس بھابھی سے کوئی رنجش یا گلہ شکوہ ہے۔"

منظور الٰہی، صابر الٰہی کا بڑا بھائی اور حشمت الٰہی کا فرزند ارجمند تھا۔۔۔ حشمت الٰہی اپنی شریک حیات سمیت بہو بیٹے کے اوپر والے پورشن میں بطور کرایہ دار مقیم تھے۔۔۔ وطن میں ارشد نے ساس، سسر کے ایسے ہی شکایت بھرے مسئلے سن رکھے تھے۔۔۔ وہ یہی سوچ کر چچا سے دریافت کر رہا تھا۔۔۔ لیکن حشمت الٰہی طمانیت سے

مسکرا دیے۔

"ایسا کوئی مسئلہ۔۔۔ نہیں۔۔۔ الحمد للہ۔۔۔ میرا بیٹا، بہو۔۔۔ اور دوسرے سب بچے خوشحال ہیں۔ ہم اپنے گھر میں اور وہ الگ اپنے مکان میں راضی خوشی ہیں۔۔۔ وہ مکان بھی تو پتر منظور الٰہی نے خرید لیا ہے۔۔۔"

"اچھا۔۔۔" ارشد نے تفہیمی انداز سے سر ہلایا۔۔۔ "تو آپ بھائی منظور کے کرایہ دار ہیں۔۔۔"

"نا۔۔۔" حشمت الٰہی نے شہادت والی انگلی اٹھا کر اسے ٹوکا اور داڑھی میں چار انگلیوں سے کنگھی کر کے اسے ترتیب دینے لگے۔ پھر سرک کر قدرے آگے کی سمت جھکا لیا۔ اب کے ان کا لہجہ سرگوشی کا حامل تھا۔ حالاں کہ کمرے میں ان دونوں لڑکوں کے علاوہ ان کی زبان جاننے والا دوسرا کوئی نہ تھا پھر بھی۔۔۔ حشمت الٰہی رازداری سے گویا ہوئے "بیٹے منظور کو یہ مشورہ میں نے ہی دیا تھا۔۔۔ بات یہ ہے کہ ہمیں سوشل سے اتنا ہی کرایہ مل جاتا ہے جتنی کہ ماہوار قسط اس مکان کی نکلتی تھی۔ بیٹھے بٹھائے جائیداد بھی بن گئی اور خرچ بھی دمڑی کا نہ ہوا۔۔۔"

ارشد گہری سوچ میں ڈوب گیا اور بے دھیانی سے سر ہلاتا رہا۔ صابر اور حشمت الٰہی گھریلو امور پر تبادلہ خیال کر رہے تھے کہ ارشد نے سر اٹھایا اور ان کی گفتگو میں مداخلت کر دی۔۔۔

"چچا قسطوں میں تو چیز کا نرخ بڑھ جاتا ہے۔۔۔ سود لگتا ہے نا۔۔۔ تو آپ نے مکان یکمشت کیوں نہ خرید لیا۔۔۔ ساری عمر آپ نے عرب ممالک میں ملازمت کی۔ وہ رقم جمع ہی رکھی ہو گی۔۔۔"

"یہ بھی بھلی کہی۔۔۔" حشمت الٰہی نے اس کی ناسمجھی پر یوں دیکھا جیسے کہہ رہے

ہوں۔۔۔" رہے ناپینڈو کے پینڈو۔۔۔ یورپ آکر بھی عقل نہ آئی۔۔۔" چند ثانیے خاموشی سے مسکراتے رہنے کے بعد ان کے چہرے کا زاویہ تبدیل ہونے لگا۔

"ارے بھائی جب ان ہی کے مال سے جائیداد بنائی جاسکتی ہے۔۔۔ تو کیا ہماری عقل گھاس چرنے گئی ہے جو اپنی عمر بھر کی کمائی ضائع کرتے پھریں۔۔۔" حشمت الٰہی کا رخِ پر نور باقاعدہ پر جلال ہوتا دکھائی دیا۔۔۔

"پاک ملک کی پاک کمائی۔۔۔ ان فرنگیوں کو دے ڈالیں۔۔۔ استغفر اللہ۔۔۔" انھوں نے انگلیوں سے کان کی لو کو چھوا۔۔۔ دونوں نرسیں تبدیل کر کے حشمت الٰہی کے قریب آئیں اور کامل نگہداشت و احترام سے انھیں واپس لے گئیں۔۔۔ حشمت الٰہی پھر سے بستر پر جادراز ہوئے اور تسلی و فروخت کی طویل سانس لے کر سلسلہ کلام جوڑتے ہوئے گویا ہوئے۔۔۔

"اب یہی دیکھ لو۔۔۔ ہرنیا کی تکلیف ہمیں کئی برس سے تھی۔ مگر آپریشن کی نوبت نہ آسکی۔۔۔ وہاں ایگریمنٹ کے دوران چھٹی ملنی قدرے دشوار ہوتی ہے۔ پھر واپس اپنے وطن جاؤ۔۔۔ اپنی گرہ سے مال خرچ کر کے آپریشن کرواؤ۔۔۔ اس پر بھی ایسی سہولتوں کا فقدان۔۔۔ نہ دوا کا یقین کہ اصلی ہو گی یا نقلی۔۔۔ نہ جراحت کا اعتماد ۔۔۔ ایگریمنٹ ختم ہونے والا تھا۔۔۔ ہم نے یہی مناسب سمجھا کہ یورپ جا کر ہی آپریشن کروائیں گے۔۔۔ سو۔۔۔ آگئے۔۔۔ ارے ہم پر ہی کیا موقوف۔۔۔ اور بھی جس جس کو کوئی مرض تھا۔۔۔ ریٹائرمنٹ لے کر ادھر چلا آیا۔ اسائلم کا کیس کیا۔۔۔ مکان، خوراک مفت حاصل کی۔۔۔ پھر یہ سادہ لوح لوگ ہیں۔۔۔ ان کی سادگی سے ہم نے فائدہ نہ اٹھایا تو ہماری اپنی بے عقلی ہو گی۔۔۔"

"لیکن چچا۔۔۔ آپ نے اتنا عرصہ مرض دبائے رکھا۔۔۔ یہ بھی تو کوئی

دانشمندی نہ تھی۔۔۔ آخر انسان کماتا کس لیے ہے۔۔۔ اپنی جان کو سہولت دینے کے لیے۔۔۔" ارشد نے اپنی محبت جتانا چاہی تھی کہ اسے کچھ اور بھی یاد آ گیا۔۔۔

"میں نے تو سن رکھا ہے چچا کہ عرب ملکوں میں کسی غیر ملکی کو جائیداد وغیرہ خریدنے کا حق نہیں دیا جاتا۔۔۔"

"یہ تم نے بجا کہا برخوردار۔۔۔!" حشمت الٰہی نے زیر لب کوئی آیت تلاوت فرمائی۔۔۔ کرتے کی جیب میں ہاتھ ڈال کر تسبیح برآمد کی اور گھمانے لگے۔۔۔ کچھ دیر یونہی خلا میں دیکھتے رہنے کے بعد انھوں نے نگاہ کا دائرہ بیٹے اور بھتیجے پر مرکوز کیا۔۔۔

"یہ سب بھی تو اسی پاک کمائی کی برکات ہیں کہ اللہ جل شانہ نے اپنے کرم سے اس پاک سرزمین کے رزق میں ہمارا حصہ بھی لکھ دیا تھا۔۔۔ پھر برادر ممالک کی بھی مہربانی ہے کہ وہ ہمیں روزی کمانے کی اجازت بخش دیتے ہیں۔ جائیداد خریدنے کا حق نہ بھی عطا کریں۔۔۔ وہاں تو محض سانس لینا بھی برکت اور ثواب کا باعث ہوتا ہے۔۔۔ میرے عزیز۔"

حشمت الٰہی نے جملہ ادا کر کے وفور جذبات میں آنکھوں اور ہونٹوں کو انگلیوں سے چھو لیا۔

"ہاں یہ تو ہے۔۔۔" ارشد بھی فوراً تاثر کے اس نرغے میں گھر گیا۔۔۔ صابر جو اتنی دیر سے خاموش بیٹھا تھا یکایک بول اٹھا۔۔۔

"پر ابا۔۔۔ ہم اکیلے تو وہاں نہیں جاتے ہیں۔۔۔ غیر مسلموں کی تعداد تو ہم سے کہیں زیادہ ہے۔۔۔"

ارشد کو بھی یاد آ گیا۔۔۔ کیوں کہ نوکری کے حصول کی خاطر اس نے سفارت خانوں اور ایجنٹوں کے بڑے دھکے کھائے تھے وہ بھی اپنی معلومات چچا کے گوش گزار کرنا

چاہتا تھا کہ برآمدے سے ایک نو آپریشن شدہ بیڈ گزرتا دکھائی دیا۔۔۔ خون، گلوکوز وغیرہ کی بوتلیں اب بھی وہی میوزک الاپ رہی تھیں۔۔۔ بے ہوش مریض کے کسی قدر سفید ہوتے ہوئے چہرے کو دیکھ کر ارشد خود بھی اندر سینے میں بیٹھے بچے کی مانند سہم گیا۔۔۔ لیکن جلد ہی اس کی توجہ حشمت الٰہی نے اپنی جانب مبذول کروالی۔

"یہی تو۔۔۔" وہ صاحر سے مخاطب تھے۔۔۔ "اسلام کی یہی فراخ دلی اور خوبی ہے کہ وہ غیر مسلموں کو بھی رزق مہیا کرتا آیا ہے۔۔۔ ماشاءاللہ۔۔۔ سبحان اللہ۔۔۔" ارشد خاموش بیٹھا چچا کی جملہ دینی معلومات سے متاثر ہوتا رہا۔ اتنے میں صابر نے کلائی اٹھا کر گھڑی پر وقت دیکھا۔۔۔ اور اس سے کہنے لگا۔

"ارشد اٹھو۔۔۔ چلتے ہیں۔۔۔" خاموشی کے پانی میں اس نے آواز کا کنکر پھینک دیا تھا۔۔۔ ارشد اپنے تاثرات کے بھنور سے باہر آگیا۔۔۔

"کیا ابھی۔۔۔؟" اس نے سر اٹھا کر صابر سے دریافت کیا۔۔۔

"ہاں۔۔۔ ملاقات کا وقت صبح میں ساڑھے دس سے ساڑھے گیارہ تک کا ہوتا ہے۔۔۔ باتوں میں وقت کا دھیان ہی نہیں رہا۔۔۔ بارہ بج چکے ہیں۔۔۔"

ارشد اٹھ کھڑا ہوا۔۔۔ چلتے چلتے اس نے چچا سے ہاتھ ملایا۔۔۔ اور بزرگوں کے بتائے ہوئے فارمولے کے تحت آخری جملہ ادا کیا۔۔۔

"ویسے تو آپ ٹھیک ٹھاک ہیں نا۔۔۔ کوئی تکلیف۔۔۔ یا شکایت مرض کے بارے میں تو اب نہیں رہی۔۔۔"

"ارے نہیں۔۔۔ کیسی تکلیف۔۔۔" حشمت الٰہی بستر پر اٹھ کر بیٹھ گئے۔۔۔ اور تکیئے سے پشت نکالی۔۔۔

"بڑی راحت ہے یہاں۔۔۔ ڈاکٹر میری ٹوٹی پھوٹی زبان کو بھی گہرے غور سے

سنتے ہیں۔۔۔ جب تک سناتے رہو۔۔۔ بستر سے ہلتے نہیں۔۔۔ بڑی مسکین قوم ہے۔۔۔ زبان کے کہے کو سچ مان لیتی ہے اور فکر مندی کے ساتھ مزید معائنہ جات میں جٹ جاتی ہے۔ اللہ تبارک تعالیٰ نے اپنی پاک سر زمین پر ہماری خدمت کا کیسا اجر عطا فرمایا ہے۔۔۔ یہاں ان فرنگیوں کی دھرتی پر ہر چیز ہمارے نصیب میں بالکل مفت لکھ دی۔۔۔ ہماری رہائش، خوراک، علاج مفت، بچوں کے روزگار، ان کے بچوں کی تعلیم، طبی امداد۔۔۔ سب کچھ مفت۔۔۔ بڑا اکرم کیا ہے میرے مولا نے۔۔۔ سب اس سرزمین پر خدمت کرنے کی برکات اور اجر ہے۔" وہ ٹھنڈی آہ بھر کر خاموشی سے ہو رہے۔ گویا کسی پریشان سوچ میں غلطاں ہوں۔۔۔

ارشد رک گیا اور فکر مندی سے آگے بڑھ کر جھکتے ہوئے ان کے قریب ہو گیا۔۔۔ حشمت الٰہی چند ثانیے خاموش رہ کر خلاء میں دیکھتے رہے۔ باہر کوریڈور میں کچھ آوازیں بیدار ہونے لگی تھیں۔ ایک دل ربا سی ہلچل، جو میٹھی میٹھی سرگوشیوں کی مہک اندر کمروں کی فضاء میں ہولے ہولے اتارتی چلی جارہی تھی۔۔۔ کائنات کے سب سے دلکش نغمے کی اچھوتی راگنی۔۔۔ کہ جس کی زبان نہیں ہوا کرتی لیکن ہر جاندار اس بے زبانی کا مطیع اور جاں نثار رہتا ہے۔۔۔

برآمدے میں کھلنے والے دروازے کے عین سامنے ایک بڑی الماری نما آہنی ٹرالی آن کر رُکی تھی جس کے متعدد خانے تھے اور ہر خانہ طعام کی طشتریوں سے بھرا تھا۔ مستعد لڑکیاں ہسپتال کے مخصوص یونیفارم میں ملبوس اشتہا انگیز مہک دیتے خوان تقسیم کرنے آگئی تھیں۔ مریض اپنے اپنے بستر پر بیدار اور ہوشیار ہو کر بیٹھنے لگے۔

ایک خوش مزاج، خوش اطوار اور خوش شکل نرس نے حشمت الٰہی کی قریبی ٹرالی درست کی اور نہایت سلیقے سے کھانا چن دیا۔ بیرونی سرخ رنگ کی قاب اتارے جانے

کے بعد بھاپ دیتا ہوا طعام یوں بر آمد ہوا گویا یہ من و سلویٰ سیدھا آسمانوں سے اترا ہو۔۔۔ گوشت کا نرم و گداز بڑا سا پارچہ، سجا سجایا سلاد، دہی چاول اور سوئیٹ ڈش، دیکھنے والوں کی زبان پر لعاب کے بلبلے ڈبکیاں مارنے لگے۔۔۔

حشمت الٰہی نے اُٹھ کر بیٹھتے ہوئے کامل توجہ، اطمینان اور فرحت سے طعام کی جملہ نعمتیں ملاحظہ کیں اور پھر پوری ذمہ داری سے ہر شے درست کر کے رخصت ہوتی ہوئی نرس کو اپنے عقیدے کے راسخ اور سپریئریٹی کی نمائندگی کرنے والی آواز میں تحکم پیدا کر کے پکارا۔۔۔ نرس الٹے قدموں واپس ہوئی اور ان کے نزدیک آگئی۔

"یہ ۔۔۔۔یہ ۔۔۔۔" یہ گوشت کیسا ہے؟ کون سا ہے۔۔۔؟ تمھیں میری وضاحت کا تو علم ہے نا؟"

"بالکل جناب۔۔۔" وہ تسلی آمیز لہجے میں کہنے لگی۔۔۔" آپ کے کھانے کی چٹ علیحدہ ہوتی ہے۔ اس پر "مسلم" درج ہوتا ہے۔۔۔"

"اپنے برادر ملکوں میں کم از کم یہ خدشہ نہیں ہوتا پر یہاں دھڑکا سا لگا رہتا ہے۔۔۔"

"کیسا دھڑکا۔۔۔؟" ارشد نے کھانے کی زیارت سے منہ میں چلے آنے والے پانی کے گھونٹ کو حلق سے نیچے اتارا۔۔۔"

"بھئی۔۔۔ یہ لوگ آخر کو ہیں تو بے علم قوم۔۔۔ انھیں پاک، پلید کا فرق ہی نہیں معلوم۔۔۔ کہیں کھانے میں اس خبیث کی ملاوٹ نہ کر دیں۔۔۔ خود تو کم بخت سور کھاتے ہیں۔۔۔ ہمیں لازم ہے کہ انھیں تنبیہ کرتے رہیں۔۔۔ ویسے ہے تو فرض شناس قوم۔۔۔ پھر بھی احتیاط اچھی ہے۔۔۔ پوچھ لینا چاہیے۔"

حشمت الٰہی نے لطف کی انتہا کو پہنچتے ہوئے چمچہ منہ میں رکھا۔۔۔ اور گویا

ہوئے۔۔۔۔ "واہ۔۔۔۔ واہ۔۔۔۔ سبحان اللہ ایک ہی حلال نشہ اتارا ہے میرے ربِّ کریم نے۔۔۔۔" ان کی آنکھیں مند گئی تھیں۔۔۔۔ قریب کھڑے ارشد کے اندر بیٹھے معصوم بچے نے ندیدے پن سے اس کے ہونٹوں تک پانی بھر دیا۔۔۔۔ بمشکل اس نے چہرہ گھمایا۔۔۔۔ اور صابر کی ہمراہی میں خدا حافظ کہتے ہوئے بیرونی دروازے کی طرف قدم بڑھادیے۔

***

